suhrkamp taschenbuch 3352

W0083185

Paul Celan, geboren am 23. November 1920 in Czernowitz (Bukowina), ein Jahr Medizinstudium in Tours (Frankreich), später Studium der Romanistik an der Universität Czernowitz, während des Krieges Lageraufenthalt in Rumänien, 1945–1947 Verlagslektor und Übersetzer in Bukarest, von Ende 1947 bis Sommer 1948 in Wien, Studium der Germanistik und Sprachwissenschaft an der Sorbonne, schriftstellerische, Übersetzer- und Lehrtätigkeit. Paul Celan starb im Jahre 1970 in Paris. Ausgezeichnet mit dem Bremer Literaturpreis 1958 und dem Georg-Büchner-Preis 1960. Lyrik: *Der Sand aus den Urnen*, 1948; *Mohn und Gedächtnis*, 1952; *Von Schwelle zu Schwelle*, 1955; *Sprachgitter*, 1959; *Die Niemandsrose*, 1964; *Atemwende*, 1967; *Fadensonnen*, 1968; *Lichtzwang*, 1970; *Schneepart*, 1971. Übersetzungen von Werken von Arthur Rimbaud, Alexander Block, Osip Mandelstam, Paul Valéry, Sergej Jessenin u.a.

# Paul Celan
# Ich hörte sagen

*Ausgewählte Gedichte*
*Zwei Reden*

*Mit einem Nachwort von Beda Allemann*

Suhrkamp

Diese Zusammenstellung erschien erstmals 1968 unter dem Titel
*Ausgewählte Gedichte* als Band 262 der edition suhrkamp.
*Mohn und Gedächtnis* © 1952 Deutsche Verlags-Anstalt GmbH, Stuttgart;
*Von Schwelle zu Schwelle* © 1955 Deutsche Verlags-Anstalt GmbH, Stuttgart;
*Sprachgitter* © 1959 S. Fischer Verlag Frankfurt am Main;
*Die Niemandsrose* © 1963 S. Fischer Verlag Frankfurt am Main;
*Atemwende* © Suhrkamp Verlag Frankfurt am Main 1967;
Nachwort © Suhrkamp Verlag Frankfurt am Main 1968.

Diesem Buch liegt eine kleine CD bei, eine Auswahl aus der MC des
HörVerlags:
»Paul Celan. Ich hörte sagen. Gedichte und Prosa. Gelesen vom Autor«,
Produktion: Verlag Günter Neske, 1958; Süddeutscher Rundfunk, 1954;
Hessischer Rundfunk, 1963; Norddeutscher Rundfunk, 1965, 1967;
Südwestfunk, 1967.
© und ℗ DerHörVerlag GmbH, München 1997.

Umschlagfoto: Renate von Mangoldt.

suhrkamp taschenbuch 3352
Erste Auflage 2001
© dieser Zusammenstellung Suhrkamp Verlag Frankfurt am Main 1968
Suhrkamp Taschenbuch Verlag
Alle Rechte vorbehalten, insbesondere das
der Übersetzung, des öffentlichen Vortrags sowie der Übertragung
durch Rundfunk und Fernsehen, auch einzelner Teile.
Kein Teil des Werkes darf in irgendeiner Form
(durch Fotografie, Mikrofilm oder andere Verfahren)
ohne schriftliche Genehmigung des Verlages reproduziert
oder unter Verwendung elektronischer Systeme
verarbeitet, vervielfältigt oder verbreitet werden.
Druck: Nomos Verlagsgesellschaft, Baden-Baden
Printed in Germany
Umschlag nach Entwürfen von
Willy Fleckhaus und Rolf Staudt

1 2 3 4 5 6 – 06 05 04 03 02 01

# Mohn und Gedächtnis

# Marianne

Fliederlos ist dein Haar, dein Antlitz aus Spiegelglas.
Von Auge zu Aug zieht die Wolke, wie Sodom nach Babel:
wie Blattwerk zerpflückt sie den Turm und tobt um das
                                        Schwefelgesträuch.

Dann zuckt dir ein Blitz um den Mund – jene Schlucht mit
                                    den Resten der Geige.
Mit schneeigen Zähnen führt einer den Bogen: O schöner
                                    tönte das Schilf!

Geliebte, auch du bist das Schilf und wir alle der Regen;
ein Wein ohnegleichen dein Leib, und wir bechern zu zehnt;
ein Kahn im Getreide dein Herz, wir rudern ihn nachtwärts;
ein Krüglein Bläue, so hüpfest du leicht über uns, und wir
                                        schlafen . . .

Vorm Zelt zieht die Hundertschaft auf, und wir tragen dich
                                    zechend zu Grabe.
Nun klingt auf den Fliesen der Welt der harte Taler der
                                        Träume.

DIE HAND VOLLER STUNDEN, so kamst du zu mir – ich sprach:
Dein Haar ist nicht braun.
So hobst du es leicht auf die Waage des Leids, da war es
schwerer als ich . . .

Sie kommen auf Schiffen zu dir und laden es auf, sie bieten
es feil auf den Märkten der Lust –
Du lächelst zu mir aus der Tiefe, ich weine zu dir aus der
Schale, die leicht bleibt.
Ich weine: Dein Haar ist nicht braun, sie bieten das Wasser
der See, und du gibst ihnen Locken . . .
Du flüsterst: Sie füllen die Welt schon mit mir, und ich bleib
dir ein Hohlweg im Herzen!
Du sagst: Leg das Blattwerk der Jahre zu dir – es ist Zeit,
daß du kommst und mich küssest!

Das Blattwerk der Jahre ist braun, dein Haar ist es nicht.

# Der Sand aus den Urnen

Schimmelgrün ist das Haus des Vergessens.
Vor jedem der wehenden Tore blaut dein enthaupteter
                                    Spielmann.
Er schlägt dir die Trommel aus Moos und bitterem
                                    Schamhaar;
mit schwärender Zehe malt er im Sand deine Braue.
Länger zeichnet er sie als sie war, und das Rot deiner Lippe.
Du füllst hier die Urnen und speisest dein Herz.

# Das Gastmahl

Geleert sei die Nacht aus den Flaschen im hohen Gebälk der
Versuchung,
die Schwelle mit Zähnen gepflügt, vor Morgen der Jähzorn
gesät:
es schießt wohl empor uns ein Moos noch, eh von der Mühle
sie hier sind,
ein leises Getreide zu finden bei uns ihrem langsamen Rad . . .

Unter den giftigen Himmeln sind andere Halme wohl falber,
wird anders der Traum noch gemünzt als hier, wo wir
würfeln um Lust,
als hier, wo getauscht wird im Dunkel Vergessen und
Wunder,
wo alles nur gilt eine Stunde und schwelgend bespien wird
von uns,
ins gierige Wasser der Fenster geschleudert in leuchtenden
Truhen –:
es birst auf der Straße der Menschen, den Wolken zum
Ruhm!

So hüllet euch denn in die Mäntel und steiget mit mir auf die
Tische:
wie anders sei noch geschlafen als stehend, inmitten der
Kelche?
Wem trinken wir Träume noch zu, als dem langsamen Rad?

# Dunkles Aug im September

Steinhaube Zeit. Und üppiger quellen
die Locken des Schmerzes ums Antlitz der Erde,
den trunkenen Apfel, gebräunt von dem Hauch
eines sündigen Spruches: schön und abhold dem Spiel,
das sie treiben im argen
Widerschein ihrer Zukunft.

Zum zweitenmal blüht die Kastanie:
ein Zeichen der ärmlich entbrannten
Hoffnung auf Orions
baldige Rückkunft: der blinden
Freunde des Himmels sternklare Inbrunst
ruft ihn herauf.

Unverhüllt an den Toren des Traumes
streitet ein einsames Aug.
Was täglich geschieht,
genügt ihm zu wissen:
am östlichen Fenster
erscheint ihm zur Nachtzeit die schmale
Wandergestalt des Gefühls.

Ins Naß ihres Auges tauchst du das Schwert.

# Chanson einer Dame im Schatten

Wenn die Schweigsame kommt und die Tulpen köpft:
Wer gewinnt?
        Wer verliert?
                Wer tritt an das Fenster?
Wer nennt ihren Namen zuerst?

Es ist einer, der trägt mein Haar.
Er trägts wie man Tote trägt auf den Händen.
Er trägts wie der Himmel mein Haar trug im Jahr, da ich
                                 liebte.
Er trägt es aus Eitelkeit so.

Der gewinnt.
        Der verliert nicht.
                Der tritt nicht ans Fenster.
Der nennt ihren Namen nicht.

Es ist einer, der hat meine Augen.
Er hat sie, seit Tore sich schließen.
Er trägt sie am Finger wie Ringe.
Er trägt sie wie Scherben von Lust und Saphir:
er war schon mein Bruder im Herbst;
er zählt schon die Tage und Nächte.

Der gewinnt.
        Der verliert nicht.
                Der tritt nicht ans Fenster.
Der nennt ihren Namen zuletzt.

Es ist einer, der hat, was ich sagte.
Er trägts unterm Arm wie ein Bündel.
Er trägts wie die Uhr ihre schlechteste Stunde.
Er trägt es von Schwelle zu Schwelle, er wirft es nicht fort.

Der gewinnt nicht.
          Der verliert.
                    Der tritt an das Fenster.
Der nennt ihren Namen zuerst.

Der wird mit den Tulpen geköpft.

# Lob der Ferne

Im Quell deiner Augen
leben die Garne der Fischer der Irrsee.
Im Quell deiner Augen
hält das Meer sein Versprechen.

Hier werf ich,
ein Herz, das geweilt unter Menschen,
die Kleider von mir und den Glanz eines Schwures:

Schwärzer im Schwarz, bin ich nackter.
Abtrünnig erst bin ich treu.
Ich bin du, wenn ich ich bin.

Im Quell deiner Augen
treib ich und träume von Raub.

Ein Garn fing ein Garn ein:
wir scheiden umschlungen.

Im Quell deiner Augen
erwürgt ein Gehenkter den Strang.

# Spät und tief

Boshaft wie goldene Rede beginnt diese Nacht.
Wir essen die Äpfel der Stummen.
Wir tuen ein Werk, das man gern seinem Stern überläßt;
wir stehen im Herbst unsrer Linden als sinnendes Fahnenrot,
als brennende Gäste vom Süden.
Wir schwören bei Christus dem Neuen, den Staub zu ver-
                                        mählen dem Staube,
die Vögel dem wandernden Schuh,
unser Herz einer Stiege im Wasser.
Wir schwören der Welt die heiligen Schwüre des Sandes,
wir schwören sie gern,
wir schwören sie laut von den Dächern des traumlosen
                                                    Schlafes
und schwenken das Weißhaar der Zeit . . .

Sie rufen: Ihr lästert!

Wir wissen es längst.
Wir wissen es längst, doch was tuts?
Ihr mahlt in den Mühlen des Todes das weiße Mehl der
                                            Verheißung,
ihr setzet es vor unsern Brüdern und Schwestern –

Wir schwenken das Weißhaar der Zeit.

Ihr mahnt uns: Ihr lästert!
Wir wissen es wohl,
es komme die Schuld über uns.
Es komme die Schuld über uns aller warnenden Zeichen,
es komme das gurgelnde Meer,
der geharnischte Windstoß der Umkehr,
der mitternächtige Tag,
es komme, was niemals noch war!

Es komme ein Mensch aus dem Grabe.

# Corona

Aus der Hand frißt der Herbst mir sein Blatt: wir sind
                                                          Freunde.
Wir schälen die Zeit aus den Nüssen und lehren sie gehn:
die Zeit kehrt zurück in die Schale.

Im Spiegel ist Sonntag,
im Traum wird geschlafen,
der Mund redet wahr.

Mein Aug steigt hinab zum Geschlecht der Geliebten:
wir sehen uns an,
wir sagen uns Dunkles,
wir lieben einander wie Mohn und Gedächtnis,
wir schlafen wie Wein in den Muscheln,
wie das Meer im Blutstrahl des Mondes.

Wir stehen umschlungen im Fenster, sie sehen uns zu von der
                                                          Straße:
es ist Zeit, daß man weiß!
Es ist Zeit, daß der Stein sich zu blühen bequemt,
daß der Unrast ein Herz schlägt.
Es ist Zeit, daß es Zeit wird.

Es ist Zeit.

# Todesfuge

Schwarze Milch der Frühe wir trinken sie abends
wir trinken sie mittags und morgens wir trinken sie nachts
wir trinken und trinken
wir schaufeln ein Grab in den Lüften da liegt man nicht eng
Ein Mann wohnt im Haus der spielt mit den Schlangen der
schreibt
der schreibt wenn es dunkelt nach Deutschland dein goldenes
Haar Margarete
er schreibt es und tritt vor das Haus und es blitzen die Sterne
er pfeift seine Rüden herbei
er pfeift seine Juden hervor läßt schaufeln ein Grab in der
Erde
er befiehlt uns spielt auf nun zum Tanz

Schwarze Milch der Frühe wir trinken dich nachts
wir trinken dich morgens und mittags wir trinken dich
abends
wir trinken und trinken
Ein Mann wohnt im Haus der spielt mit den Schlangen der
schreibt
der schreibt wenn es dunkelt nach Deutschland dein goldenes
Haar Margarete
Dein aschenes Haar Sulamith wir schaufeln ein Grab in den
Lüften da liegt man nicht eng

Er ruft stecht tiefer ins Erdreich ihr einen ihr andern singet
und spielt
er greift nach dem Eisen im Gurt er schwingts seine Augen
sind blau
stecht tiefer die Spaten ihr einen ihr andern spielt weiter
zum Tanz auf

Schwarze Milch der Frühe wir trinken dich nachts
wir trinken dich mittags und morgens wir trinken dich abends
wir trinken und trinken
ein Mann wohnt im Haus dein goldenes Haar Margarete
dein aschenes Haar Sulamith er spielt mit den Schlangen

Er ruft spielt süßer den Tod der Tod ist ein Meister aus
                                                    Deutschland
er ruft streicht dunkler die Geigen dann steigt ihr als Rauch
                                                    in die Luft
dann habt ihr ein Grab in den Wolken da liegt man nicht eng

Schwarze Milch der Frühe wir trinken dich nachts
wir trinken dich mittags der Tod ist ein Meister aus
                                                    Deutschland
wir trinken dich abends und morgens wir trinken und trinken
der Tod ist ein Meister aus Deutschland sein Auge ist blau
er trifft dich mit bleierner Kugel er trifft dich genau
ein Mann wohnt im Haus dein goldenes Haar Margarete
er hetzt seine Rüden auf uns er schenkt uns ein Grab in der
                                                    Luft
er spielt mit den Schlangen und träumet der Tod ist ein
                                    Meister aus Deutschland

dein goldenes Haar Margarete
dein aschenes Haar Sulamith

## Auf Reisen

Es ist eine Stunde, die macht dir den Staub zum Gefolge,
dein Haus in Paris zur Opferstatt deiner Hände,
dein schwarzes Aug zum schwärzesten Auge.

Es ist ein Gehöft, da hält ein Gespann für dein Herz.
Dein Haar möchte wehn, wenn du fährst – das ist ihm
                                          verboten.
Die bleiben und winken, wissen es nicht.

# In Ägypten

Du sollst zum Aug der Fremden sagen: Sei das Wasser.
Du sollst, die du im Wasser weißt, im Aug der Fremden
                                                    suchen.

Du sollst sie rufen aus dem Wasser: Ruth! Noëmi! Mirjam!
Du sollst sie schmücken, wenn du bei der Fremden liegst.
Du sollst sie schmücken mit dem Wolkenhaar der Fremden.
Du sollst zu Ruth und Mirjam und Noëmi sagen:
Seht, ich schlaf bei ihr!
Du sollst die Fremde neben dir am schönsten schmücken.
Du sollst sie schmücken mit dem Schmerz um Ruth, um
                                           Mirjam und Noëmi.

Du sollst zur Fremden sagen:
Sieh, ich schlief bei diesen!

# Brandmal

Wir schliefen nicht mehr, denn wir lagen im Uhrwerk der
                                              Schwermut
und bogen die Zeiger wie Ruten,
und sie schnellten zurück und peitschten die Zeit bis aufs Blut,
und du redetest wachsenden Dämmer,
und zwölfmal sagte ich du zur Nacht deiner Worte,
und sie tat sich auf und blieb offen,
und ich legt ihr ein Aug in den Schoß und flocht dir das
                                              andre ins Haar
und schlang zwischen beide die Zündschnur, die offene Ader –
und ein junger Blitz schwamm heran.

# Kristall

Nicht an meinen Lippen suche deinen Mund,
nicht vorm Tor den Fremdling,
nicht im Aug die Träne.

Sieben Nächte höher wandert Rot zu Rot,
sieben Herzen tiefer pocht die Hand ans Tor,
sieben Rosen später rauscht der Brunnen.

ICH BIN ALLEIN, ich stell die Aschenblume
ins Glas voll reifer Schwärze. Schwestermund,
du sprichst ein Wort, das fortlebt vor den Fenstern,
und lautlos klettert, was ich träumt, an mir empor.

Ich steh im Flor der abgeblühten Stunde
und spar ein Harz für einen späten Vogel:
er trägt die Flocke Schnee auf lebensroter Feder;
das Körnchen Eis im Schnabel, kommt er durch den Sommer.

# Die Krüge

*Für Klaus Demus*

An den langen Tischen der Zeit
zechen die Krüge Gottes.
Sie trinken die Augen der Sehenden leer und die Augen der
                                                    Blinden,

die Herzen der waltenden Schatten,
die hohle Wange des Abends.
Sie sind die gewaltigsten Zecher:
sie führen das Leere zum Mund wie das Volle
und schäumen nicht über wie du oder ich.

NACHTS, wenn das Pendel der Liebe schwingt
zwischen Immer und Nie,
stößt dein Wort zu den Monden des Herzens
und dein gewitterhaft blaues
Aug reicht der Erde den Himmel.

Aus fernem, aus traumgeschwärztem
Hain weht uns an das Verhauchte,
und das Versäumte geht um, groß wie die Schemen der
                                              Zukunft.

Was sich nun senkt und hebt,
gilt dem zuinnerst Vergrabnen:
blind wie der Blick, den wir tauschen,
küßt es die Zeit auf den Mund.

Der Tauben weisseste flog auf: ich darf dich lieben!
Im leisen Fenster schwankt die leise Tür.
Der stille Baum trat in die stille Stube.
Du bist so nah, als weiltest du nicht hier.

Aus meiner Hand nimmst du die große Blume:
sie ist nicht weiß, nicht rot, nicht blau – doch nimmst du sie.
Wo sie nie war, da wird sie immer bleiben.
Wir waren nie, so bleiben wir bei ihr.

## Schlaf und Speise

Der Hauch der Nacht ist dein Laken, die Finsternis legt sich
zu dir.
Sie rührt dir an Knöchel und Schläfe, sie weckt dich zu Leben
und Schlaf,
sie spürt dich im Wort auf, im Wunsch, im Gedanken,
sie schläft bei jedem von ihnen, sie lockt dich hervor.
Sie kämmt dir das Salz aus den Wimpern und tischt es dir
auf,
sie lauscht deinen Stunden den Sand ab und setzt ihn dir vor.
Und was sie als Rose war, Schatten und Wasser,
schenkt sie dir ein.

UNSTETES HERZ, dem die Heide die Stadt baut
inmitten der Kerzen und Stunden,
du steigst
mit den Pappeln hinan zu den Teichen:
im Nächtlichen schnitzt dort
die Flöte den Freund ihres Schweigens
und zeigt ihn den Wassern.
Am Ufer
wandelt vermummt der Gedanke und lauscht:
denn nichts
tritt hervor in eigner Gestalt,
und das Wort, das über dir glänzt,
glaubt an den Käfer im Farn.

ZÄHLE DIE MANDELN,
zähle, was bitter war und dich wachhielt,
zähl mich dazu:

Ich suchte dein Aug, als du's aufschlugst und niemand dich
ansah,
ich spann jenen heimlichen Faden,
an dem der Tau, den du dachtest,
hinunterglitt zu den Krügen,
die ein Spruch, der zu niemandes Herz fand, behütet.

Dort erst tratest du ganz in den Namen, der dein ist,
schrittest du sicheren Fußes zu dir,
schwangen die Hämmer frei im Glockenstuhl deines
Schweigens,
stieß das Erlauschte zu dir,
legte das Tote den Arm auch um dich,
und ihr ginget selbdritt durch den Abend.

Mache mich bitter.
Zähle mich zu den Mandeln.

# Von Schwelle zu Schwelle

# Ich hörte sagen

Ich hörte sagen, es sei
im Wasser ein Stein und ein Kreis
und über dem Wasser ein Wort,
das den Kreis um den Stein legt.

Ich sah meine Pappel hinabgehn zum Wasser,
ich sah, wie ihr Arm hinuntergriff in die Tiefe,
ich sah ihre Wurzeln gen Himmel um Nacht flehn.

Ich eilt ihr nicht nach,
ich las nur vom Boden auf jene Krume,
die deines Auges Gestalt hat und Adel,
ich nahm dir die Kette der Sprüche vom Hals
und säumte mit ihr den Tisch, wo die Krume nun lag.

Und sah meine Pappel nicht mehr.

# Zwiegestalt

Laß dein Aug in der Kammer sein eine Kerze,
den Blick einen Docht,
laß mich blind genug sein,
ihn zu entzünden.

Nein.
Laß anderes sein.

Tritt vor dein Haus,
schirr deinen scheckigen Traum an,
laß seine Hufe reden
zum Schnee, den du fortbliest
vom First meiner Seele.

# Fernen

Aug in Aug, in der Kühle,
laß uns auch solches beginnen:
gemeinsam
laß uns atmen den Schleier,
der uns voreinander verbirgt,
wenn der Abend sich anschickt zu messen,
wie weit es noch ist
von jeder Gestalt, die er annimmt,
zu jeder Gestalt,
die er uns beiden geliehn.

# Der Gast

Lange vor Abend
kehrt bei dir ein, der den Gruß getauscht mit dem Dunkel.
Lange vor Tag
wacht er auf
und facht, eh er geht, einen Schlaf an,
einen Schlaf, durchklungen von Schritten:
du hörst ihn die Fernen durchmessen
und wirfst deine Seele dorthin.

# Aufs Auge gepfropft

Aufs Auge gepfropft
ist dir das Reis, das den Wäldern den Weg wies:
verschwistert den Blicken,
treibt es die schwarze,
die Knospe.

Himmelweit spannt sich das Lid diesem Frühling.
Lidweit dehnt sich der Himmel,
darunter, beschirmt von der Knospe,
der Ewige pflügt,
der Herr.

Lausche der Pflugschar, lausche.
Lausche: sie knirscht
über der harten, der hellen,
der unvordenklichen Träne.

# Assisi

Umbrische Nacht.
Umbrische Nacht mit dem Silber von Glocke und Ölblatt.
Umbrische Nacht mit dem Stein, den du hertrugst.
Umbrische Nacht mit dem Stein.

      Stumm, was ins Leben stieg, stumm.
      Füll die Krüge um.

Irdener Krug.
Irdener Krug, dran die Töpferhand festwuchs.
Irdener Krug, den die Hand eines Schattens für immer
                                      verschloß.
Irdener Krug mit dem Siegel des Schattens.

      Stein, wo du hinsiehst, Stein.
      Laß das Grautier ein.

Trottendes Tier.
Trottendes Tier im Schnee, den die nackteste Hand streut.
Trottendes Tier vor dem Wort, das ins Schloß fiel.
Trottendes Tier, das den Schlaf aus der Hand frißt.

      Glanz, der nicht trösten will, Glanz.
      Die Toten – sie betteln noch, Franz.

# Vor einer Kerze

Aus getriebenem Golde, so
wie du's mir anbefahlst, Mutter,
formt ich den Leuchter, daraus
sie empor mir dunkelt inmitten
splitternder Stunden:
deines
Totseins Tochter.

Schlank von Gestalt,
ein schmaler, mandeläugiger Schatten,
Mund und Geschlecht
umtanzt von Schlummergetier,
entschwebt sie dem klaffenden Golde,
steigt sie hinan
zum Scheitel des Jetzt.

Mit nachtverhangnen
Lippen
sprech ich den Segen:

  Im Namen der Drei,
  die einander befehden, bis
  der Himmel hinabtaucht ins Grab der Gefühle,
  im Namen der Drei, deren Ringe
  am Finger mir glänzen, sooft
  ich den Bäumen im Abgrund das Haar lös,
  auf daß die Tiefe durchrauscht sei von reicherer Flut –,
  im Namen des ersten der Drei,

der aufschrie,
als es zu leben galt dort, wo vor ihm sein Wort schon
                                                    gewesen,
im Namen des zweiten, der zusah und weinte,
im Namen des dritten, der weiße
Steine häuft in der Mitte, –
sprech ich dich frei
vom Amen, das uns übertäubt,
vom eisigen Licht, das es säumt,
da, wo es turmhoch ins Meer tritt,
da, wo die graue, die Taube
aufpickt die Namen
diesseits und jenseits des Sterbens:
Du bleibst, du bleibst, du bleibst
einer Toten Kind,
geweiht dem Nein meiner Sehnsucht,
vermählt einer Schrunde der Zeit,
vor die mich das Mutterwort führte,
auf daß ein einziges Mal
erzittre die Hand,
die je und je mir ans Herz greift!

# Stilleben

Kerze bei Kerze, Schimmer bei Schimmer, Schein bei Schein.

Und dies hier, darunter: ein Aug,
ungepaart und geschlossen,
das Späte bewimpernd, das anbrach,
ohne der Abend zu sein.

Davor das Fremde, des Gast du hier bist:
die lichtlose Distel,
mit der das Dunkel die Seinen bedenkt,
aus der Ferne,
um unvergessen zu bleiben.

Und dies noch, verschollen im Tauben:
der Mund,
versteint und verbissen in Steine,
angerufen vom Meer,
das sein Eis die Jahre hinanwälzt.

# Die Halde

Neben mir lebst du, gleich mir:
als ein Stein
in der eingesunkenen Wange der Nacht.

O diese Halde, Geliebte,
wo wir pausenlos rollen,
wir Steine,
von Rinnsal zu Rinnsal.
Runder von Mal zu Mal.
Ähnlicher. Fremder.

O dieses trunkene Aug,
das hier umherirrt wie wir
und uns zuweilen
staunend in eins schaut.

# Nächtlich geschürzt

*Für Hannah und Hermann Lenz*

Nächtlich geschürzt
die Lippen der Blumen,
gekreuzt und verschränkt
die Schäfte der Fichten,
ergraut das Moos, erschüttert der Stein,
erwacht zum unendlichen Fluge
die Dohlen über dem Gletscher:

dies ist die Gegend, wo
rasten, die wir ereilt:

sie werden die Stunde nicht nennen,
die Flocken nicht zählen,
den Wassern nicht folgen ans Wehr.

Sie stehen getrennt in der Welt,
ein jeglicher bei seiner Nacht,
ein jeglicher bei seinem Tode,
unwirsch, barhaupt, bereift
von Nahem und Fernem.

Sie tragen die Schuld ab, die ihren Ursprung beseelte,
sie tragen sie ab an ein Wort,
das zu Unrecht besteht, wie der Sommer.

Ein Wort – du weißt:
eine Leiche.

Laß uns sie waschen,
laß uns sie kämmen,
laß uns ihr Aug
himmelwärts wenden.

# Flügelnacht

Flügelnacht, weither gekommen und nun
für immer gespannt
über Kreide und Kalk.
Kiesel, abgrundhin rollend.
Schnee. Und mehr noch des Weißen.

Unsichtbar,
was braun schien,
gedankenfarben und wild
überwuchert von Worten.

Kalk ist und Kreide.
Und Kiesel.
Schnee. Und mehr noch des Weißen.

Du, du selbst:
in das fremde
Auge gebettet, das dies
überblickt.

# Welchen der Steine du hebst

Welchen der Steine du hebst –
du entblößt,
die des Schutzes der Steine bedürfen:
nackt,
erneuern sie nun die Verflechtung.

Welchen der Bäume du fällst –
du zimmerst
die Bettstatt, darauf
die Seelen sich abermals stauen,
als schütterte nicht
auch dieser
Äon.

Welches der Worte du sprichst –
du dankst
dem Verderben.

# Schibboleth

Mitsamt meinen Steinen,
den großgeweinten
hinter den Gittern,

schleiften sie mich
in die Mitte des Marktes,
dorthin,
wo die Fahne sich aufrollt, der ich
keinerlei Eid schwor.

Flöte,
Doppelflöte der Nacht:
denke der dunklen
Zwillingsröte
in Wien und Madrid.

Setz deine Fahne auf Halbmast,
Erinnrung.
Auf Halbmast
für heute und immer.

Herz:
gib dich auch hier zu erkennen,
hier, in der Mitte des Marktes.
Ruf's, das Schibboleth, hinaus
in die Fremde der Heimat:
Februar. No pasarán.

Einhorn:
du weißt um die Steine,
du weißt um die Wasser,
komm,
ich führ dich hinweg
zu den Stimmen
von Estremadura.

# Die Winzer

*Für Nani und Klaus Demus*

Sie herbsten den Wein ihrer Augen,
sie keltern alles Geweinte, auch dieses:
so will es die Nacht,
die Nacht, an die sie gelehnt sind, die Mauer,
so forderts der Stein,
der Stein, über den ihr Krückstock dahinspricht
ins Schweigen der Antwort –
ihr Krückstock, der einmal,
einmal im Herbst,
wenn das Jahr zum Tod schwillt, als Traube,
der einmal durchs Stumme hindurchspricht, hinab
in den Schacht des Erdachten.

Sie herbsten, sie keltern den Wein,
sie pressen die Zeit wie ihr Auge,
sie kellern das Sickernde ein, das Geweinte,
im Sonnengrab, das sie rüsten
mit nachtstarker Hand:
auf daß ein Mund danach dürste, später –
ein Spätmund, ähnlich dem ihren:
Blindem entgegengekrümmt und gelähmt –
ein Mund, zu dem der Trunk aus der Tiefe emporschäumt,
indes
der Himmel hinabsteigt ins wächserne Meer,
um fernher als Lichtstumpf zu leuchten,
wenn endlich die Lippe sich feuchtet.

# Inselhin

Inselhin, neben den Toten,
dem Einbaum waldher vermählt,
von Himmeln umgeiert die Arme,
die Seelen saturnisch beringt:

so rudern die Fremden und Freien,
die Meister vom Eis und vom Stein:
umläutet von sinkenden Bojen,
umbellt von der haiblauen See.

Sie rudern, sie rudern, sie rudern –:
Ihr Toten, ihr Schwimmer, voraus!
Umgittert auch dies von der Reuse!
Und morgen verdampft unser Meer!

# Sprachgitter

*Stimmen*, ins Grün
der Wasserfläche geritzt.
Wenn der Eisvogel taucht,
sirrt die Sekunde:

Was zu dir stand
an jedem der Ufer,
es tritt
gemäht in ein anderes Bild.

\*

*Stimmen* vom Nesselweg her:

Komm auf den Händen zu uns.
Wer mit der Lampe allein ist,
hat nur die Hand, draus zu lesen.

\*

*Stimmen*, nachtdurchwachsen, Stränge,
an die du die Glocke hängst.

Wölbe dich, Welt:
Wenn die Totenmuschel heranschwimmt,
will es hier läuten.

*

*Stimmen,* vor denen dein Herz
ins Herz deiner Mutter zurückweicht.
Stimmen vom Galgenbaum her,
wo Spätholz und Frühholz die Ringe
tauschen und tauschen.

*

*Stimmen,* kehlig, im Grus,
darin auch Unendliches schaufelt,
(herz-)
schleimiges Rinnsal.

Setz hier die Boote aus, Kind,
die ich bemannte:

Wenn mittschiffs die Bö sich ins Recht setzt,
treten die Klammern zusammen.

*

*Jakobsstimme:*

Die Tränen.
Die Tränen im Bruderaug.

Eine blieb hängen, wuchs.
Wir wohnen darin.
Atme, daß
sie sich löse.


\*


*Stimmen* im Innern der Arche:

Es sind
nur die Münder
geborgen. Ihr
Sinkenden, hört
auch uns.


\*


*Keine*
*Stimme* – ein
Spätgeräusch, stundenfremd, deinen
Gedanken geschenkt, hier, endlich
herbeigewacht: ein
Fruchtblatt, augengroß, tief
geritzt; es
harzt, will nicht
vernarben.

# Zuversicht

Es wird noch ein Aug sein,
ein fremdes, neben
dem unsern: stumm
unter steinernem Lid.

Kommt, bohrt euren Stollen!

Es wird eine Wimper sein,
einwärts gekehrt im Gestein,
von Ungeweintem verstählt,
die feinste der Spindeln.

Vor euch tut sie das Werk,
als gäb es, weil Stein ist, noch Brüder.

# Schliere

Schliere im Aug:
von den Blicken auf halbem
Weg erschautes Verloren.
Wirklichgesponnenes Niemals,
wiedergekehrt.

Wege, halb – und die längsten.

Seelenbeschrittene Fäden,
Glasspur,
rückwärtsgerollt
und nun
vom Augen-Du auf dem steten
Stern über dir
weiß überschleiert.

Schliere im Aug:
daß bewahrt sei
ein durchs Dunkel getragenes Zeichen,
vom Sand (oder Eis?) einer fremden
Zeit für ein fremderes Immer
belebt und als stumm
vibrierender Mitlaut gestimmt.

# Tenebrae

Nah sind wir, Herr,
nahe und greifbar.

Gegriffen schon, Herr,
ineinander verkrallt, als wär
der Leib eines jeden von uns
dein Leib, Herr.

Bete, Herr,
bete zu uns,
wir sind nah.

Windschief gingen wir hin,
gingen wir hin, uns zu bücken
nach Mulde und Maar.

Zur Tränke gingen wir, Herr.

Es war Blut, es war,
was du vergossen, Herr.

Es glänzte.

Es warf uns dein Bild in die Augen, Herr.
Augen und Mund stehn so offen und leer, Herr.

Wir haben getrunken, Herr.
Das Blut und das Bild, das im Blut war, Herr.

Bete, Herr.
Wir sind nah.

# Sprachgitter

Augenrund zwischen den Stäben.

Flimmertier Lid
rudert nach oben,
gibt einen Blick frei.

Iris, Schwimmerin, traumlos und trüb:
der Himmel, herzgrau, muß nah sein.

Schräg, in der eisernen Tülle,
der blakende Span.
Am Lichtsinn
errätst du die Seele.

(Wär ich wie du. Wärst du wie ich.
Standen wir nicht
unter *einem* Passat?
Wir sind Fremde.)

Die Fliesen. Darauf,
dicht beieinander, die beiden
herzgrauen Lachen:
zwei
Mundvoll Schweigen.

# Schneebett

Augen, weltblind, im Sterbegeklüft: Ich komm,
Hartwuchs im Herzen.
Ich komm.

Mondspiegel Steilwand. Hinab.
(Atemgeflecktes Geleucht. Strichweise Blut.
Wölkende Seele, noch einmal gestaltnah.
Zehnfingerschatten – verklammert.)

Augen weltblind,
Augen im Sterbegeklüft,
Augen Augen:

Das Schneebett unter uns beiden, das Schneebett.
Kristall um Kristall,
zeittief gegittert, wir fallen,
wir fallen und liegen und fallen.

Und fallen:
Wir waren. Wir sind.
Wir sind ein Fleisch mit der Nacht.
In den Gängen, den Gängen.

# Matière de Bretagne

Ginsterlicht, gelb, die Hänge
eitern gen Himmel, der Dorn
wirbt um die Wunde, es läutet
darin, es ist Abend, das Nichts
rollt seine Meere zur Andacht,
das Blutsegel hält auf dich zu.

Trocken, verlandet
das Bett hinter dir, verschilft
seine Stunde, oben,
beim Stern, die milchigen
Priele schwatzen im Schlamm, Steindattel,
unten, gebuscht, klafft ins Gebläu, eine Staude
Vergänglichkeit, schön,
grüßt dein Gedächtnis.

(Kanntet ihr mich,
Hände? Ich ging
den gegabelten Weg, den ihr wiest, mein Mund
spie seinen Schotter, ich ging, meine Zeit,
wandernde Wächte, warf ihren Schatten – kanntet ihr mich?)

Hände, die dorn-
umworbene Wunde, es läutet,
Hände, das Nichts, seine Meere,
Hände, im Ginsterlicht, das
Blutsegel
hält auf dich zu.

Du
du lehrst
du lehrst deine Hände
du lehrst deine Hände du lehrst
du lehrst deine Hände
                    schlafen

# In Mundhöhe

In Mundhöhe, fühlbar:
Finstergewächs.

(Brauchst es, Licht, nicht zu suchen, bleibst
das Schneegarn, hältst
deine Beute.

Beides gilt:
Berührt und Unberührt.
Beides spricht mit der Schuld von der Liebe,
beides will dasein und sterben.)

Blattnarben, Knospen, Gewimper.
Äugendes, tagfremd.
Schelfe, wahr und offen.

Lippe wußte. Lippe weiß.
Lippe schweigt es zu Ende.

# Entwurf einer Landschaft

Rundgräber, unten. Im
Viertakt der Jahresschritt auf
den Steilstufen rings.

Laven, Basalte, weltherz-
durchglühtes Gestein.
Quelltuff,
wo uns das Licht wuchs, vor
dem Atem.

Ölgrün, meerdurchstäubt die
unbetretbare Stunde. Gegen
die Mitte zu, grau,
ein Steinsattel, drauf,
gebeult und verkohlt,
die Tierstirn mit
der strahligen Blesse.

## Sommerbericht

Der nicht mehr beschrittene, der
umgangene Thymianteppich.
Eine Leerzeile, quer
durch die Glockenheide gelegt.
Nichts in den Windbruch getragen.

Wieder Begegnungen mit
vereinzelten Worten wie:
Steinschlag, Hartgräser, Zeit.

# Engführung

*

Verbracht ins
Gelände
mit der untrüglichen Spur:

Gras, auseinandergeschrieben. Die Steine, weiß,
mit den Schatten der Halme:
Lies nicht mehr – schau!
Schau nicht mehr – geh!

Geh, deine Stunde
hat keine Schwestern, du bist –
bist zuhause. Ein Rad, langsam,
rollt aus sich selber, die Speichen
klettern,
klettern auf schwärzlichem Feld, die Nacht
braucht keine Sterne, nirgends
fragt es nach dir.

*

                              Nirgends
                                    fragt es nach dir –

Der Ort, wo sie lagen, er hat
einen Namen – er hat
keinen. Sie lagen nicht dort. Etwas
lag zwischen ihnen. Sie
sahn nicht hindurch.


Sahn nicht, nein,
redeten von
Worten. Keines
erwachte, der
Schlaf
kam über sie.

*

                              Kam, kam. Nirgends
                                    fragt es –

Ich bins, ich,
ich lag zwischen euch, ich war
offen, war
hörbar, ich tickte euch zu, euer Atem
gehorchte, ich
bin es noch immer, ihr
schlaft ja.

\*

                              Bin es noch immer –

Jahre.
Jahre, Jahre, ein Finger
tastet hinab und hinan, tastet
umher:
Nahtstellen, fühlbar, hier
klafft es weit auseinander, hier
wuchs es wieder zusammen – wer
deckte es zu?

\*

                              Deckte es
                                    zu – wer?

Kam, kam.
Kam ein Wort, kam,
kam durch die Nacht,
wollt leuchten, wollt leuchten.

Asche.
Asche, Asche.
Nacht.
Nacht-und-Nacht. – Zum
Aug geh, zum feuchten.

*

                              Zum
                          Aug geh,
                                  zum feuchten –

Orkane.
Orkane, von je,
Partikelgestöber, das andre,
du
weißts ja, wir
lasens im Buche, war
Meinung.

War, war
Meinung. Wie
faßten wir uns
an – an mit
diesen
Händen?

Es stand auch geschrieben, daß.
Wo? Wir
taten ein Schweigen darüber,
giftgestillt, groß,
ein
grünes
Schweigen, ein Kelchblatt, es
hing ein Gedanke an Pflanzliches dran –

grün, ja,
hing, ja,
unter hämischem
Himmel.

An, ja,
Pflanzliches.

Ja.
Orkane, Par-
tikelgestöber, es blieb
Zeit, blieb,
es beim Stein zu versuchen – er
war gastlich, er
fiel nicht ins Wort. Wie
gut wir es hatten:

Körnig,
körnig und faserig. Stengelig,
dicht;
traubig und strahlig; nierig,
plattig und
klumpig; locker, ver-
ästelt –: er, es
fiel nicht ins Wort, es
sprach,
sprach gerne zu trockenen Augen, eh es sie schloß.

Sprach, sprach.
War, war.

Wir
ließen nicht locker, standen
inmitten, ein
Porenbau, und
es kam.

Kam auf uns zu, kam
hindurch, flickte
unsichtbar, flickte
an der letzten Membran,
und
die Welt, ein Tausendkristall,
schoß an, schoß an.

*

                              Schoß an, schoß an.
                                                Dann –


Nächte, entmischt. Kreise,
grün oder blau, rote
Quadrate: die
Welt setzt ihr Innerstes ein
im Spiel mit den neuen
Stunden. – Kreise,

rot oder schwarz, helle
Quadrate, kein
Flugschatten,
kein
Meßtisch, keine
Rauchseele steigt und spielt mit.

*

                        Steigt und
                              spielt mit –

In der Eulenflucht, beim
versteinerten Aussatz,
bei
unsern geflohenen Händen, in
der jüngsten Verwerfung,
überm
Kugelfang an
der verschütteten Mauer:

sichtbar, aufs
neue: die
Rillen, die

Chöre, damals, die
Psalmen. Ho, ho-
sianna.

Also
stehen noch Tempel. Ein
Stern
hat wohl noch Licht.
Nichts,
nichts ist verloren.

Ho-
sianna.

In der Eulenflucht, hier,
die Gespräche, taggrau,
der Grundwasserspuren.

\*

        ( – – taggrau,
                der
                        Grundwasserspuren –

Verbracht
ins Gelände
mit
der untrüglichen
Spur:

Gras.
Gras,
auseinandergeschrieben.)

# Die Niemandsrose

SOVIEL GESTIRNE, die
man uns hinhält. Ich war,
als ich dich ansah – wann? –,
draußen bei
den andern Welten.

O diese Wege, galaktisch,
o diese Stunde, die uns
die Nächte herüberwog in
die Last unsrer Namen. Es ist,
ich weiß es, nicht wahr,
daß wir lebten, es ging
blind nur ein Atem zwischen
Dort und Nicht-da und Zuweilen,
kometenhaft schwirrte ein Aug
auf Erloschenes zu, in den Schluchten,
da, wo's verglühte, stand
zitzenprächtig die Zeit,
an der schon empor- und hinab-
und hinwegwuchs, was
ist oder war oder sein wird –,

ich weiß,
ich weiß und du weißt, wir wußten,
wir wußten nicht, wir
waren ja da und nicht dort,
und zuweilen, wenn
nur das Nichts zwischen uns stand, fanden
wir ganz zueinander.

ZU BEIDEN HÄNDEN, da
wo die Sterne mir wuchsen, fern
allen Himmeln, nah
allen Himmeln:
Wie
wacht es sich da! Wie
tut sich die Welt uns auf, mitten
durch uns!

Du bist,
wo dein Aug ist, du bist
oben, bist
unten, ich
finde hinaus.

O diese wandernde leere
gastliche Mitte. Getrennt,
fall ich dir zu, fällst
du mir zu, einander
entfallen, sehn wir
hindurch:

Das
Selbe
hat uns
verloren, das
Selbe
hat uns
vergessen, das
Selbe
hat uns – –

# Psalm

Niemand knetet uns wieder aus Erde und Lehm,
niemand bespricht unsern Staub.
Niemand.

Gelobt seist du, Niemand.
Dir zulieb wollen
wir blühn.
Dir
entgegen.

Ein Nichts
waren wir, sind wir, werden
wir bleiben, blühend:
die Nichts-, die
Niemandsrose.

Mit
dem Griffel seelenhell,
dem Staubfaden himmelswüst,
der Krone rot
vom Purpurwort, das wir sangen
über, o über
dem Dorn.

# Chymisch

Schweigen, wie Gold gekocht, in
verkohlten
Händen.

Große, graue,
wie alles Verlorene nahe
Schwestergestalt:

Alle die Namen, alle die mit-
verbrannten
Namen. Soviel
zu segnende Asche. Soviel
gewonnenes Land
über
den leichten, so leichten
Seelen-
ringen.

Große. Graue. Schlacken-
lose.

Du, damals.
Du mit der fahlen,
aufgebissenen Knospe.
Du in der Weinflut.

(Nicht wahr, auch uns
entließ diese Uhr?

Gut,
gut, wie dein Wort hier vorbeistarb.)

Schweigen, wie Gold gekocht, in
verkohlten, verkohlten
Händen.
Finger, rauchdünn. Wie Kronen, Luftkronen
um – –

Große. Graue. Fährte-
lose.
König-
liche.

Es ist nicht mehr
diese
zuweilen mit dir
in die Stunde gesenkte
Schwere. Es ist
eine andre.

Es ist das Gewicht, das die Leere zurückhält,
die mit-
ginge mit dir.
Es hat, wie du, keinen Namen. Vielleicht
seid ihr dasselbe. Vielleicht
nennst auch du mich einst
so.

# Radix, Matrix

Wie man zum Stein spricht, wie
du,
mir vom Abgrund her, von
einer Heimat her Ver-
schwisterte, Zu-
geschleuderte, du,
du mir vorzeiten,
du mir im Nichts einer Nacht,
du in der Aber-Nacht Be-
gegnete, du
Aber-Du –:

Damals, da ich nicht da war,
damals, da du
den Acker abschrittst, allein:

Wer,
wer wars, jenes
Geschlecht, jenes gemordete, jenes
schwarz in den Himmel stehende:
Rute und Hode –?

(Wurzel.
Wurzel Abrahams. Wurzel Jesse. Niemandes
Wurzel – o
unser.)

Ja,
wie man zum Stein spricht, wie
du
mit meinen Händen dorthin
und ins Nichts greifst, so
ist, was hier ist:

auch dieser
Fruchtboden klafft,
dieses
Hinab
ist die eine der wild-
blühenden Kronen.

# Mandorla

In der Mandel – was steht in der Mandel?
Das Nichts.
Es steht das Nichts in der Mandel.
Da steht es und steht.

Im Nichts – wer steht da? Der König.
Da steht der König, der König.
Da steht er und steht.

      Judenlocke, wirst nicht grau.

Und dein Aug – wohin steht dein Auge?
Dein Aug steht der Mandel entgegen.
Dein Aug, dem Nichts stehts entgegen.
Es steht zum König.
So steht es und steht.

      Menschenlocke, wirst nicht grau.
      Leere Mandel, königsblau.

# Sibirisch

Bogengebete – du
sprachst sie nicht mit, es waren,
du denkst es, die deinen.

Der Rabenschwan hing
vorm frühen Gestirn:
mit zerfressenem Lidspalt
stand ein Gesicht – auch unter diesem
Schatten.

Kleine, im Eiswind
liegengebliebene
Schelle
mit deinem
weißen Kiesel im Mund:

Auch mir
steht der tausendjahrfarbene
Stein in der Kehle, der Herzstein,
auch ich
setze Grünspan an
an der Lippe.

Über die Schuttflur hier,
durch das Seggenmeer heute
führt sie, unsre
Bronze-Straße.
Da lieg ich und rede zu dir
mit abgehäutetem
Finger.

# Anabasis

Dieses
schmal zwischen Mauern geschriebne
unwegsam-wahre
Hinauf und Zurück
in die herzhelle Zukunft.

Dort.

Silben-
mole, meer-
farben, weit
ins Unbefahrne hinaus.

Dann:
Bojen-,
Kummerbojen-Spalier
mit den
sekundenschön hüpfenden
Atemreflexen –: Leucht-
glockentöne (dum-,
dun-, un-,
*unde suspirat*
*cor*),
aus-
gelöst, ein-
gelöst, unser.

Sichtbares, Hörbares, das
frei-
werdende Zeltwort:

Mitsammen.

# Le Menhir

Wachsendes
Steingrau.

Graugestalt, augen-
loser du, Steinblick, mit dem uns
die Erde hervortrat, menschlich,
auf Dunkel-, auf Weißheidewegen,
abends, vor
dir, Himmelsschlucht.

Verkebstes, hierhergekarrt, sank
über den Herzrücken weg. Meer-
mühle mahlte.

Hellflüglig hingst du, früh,
zwischen Ginster und Stein,
kleine Phaläne.

Schwarz, phylakterien-
farben, so wart ihr,
ihr mit-
betenden Schoten.

HINAUSGEKRÖNT,
hinausgespien in die Nacht.

Bei welchen
Sternen! Lauter
graugeschlagenes Herzhammersilber. Und
Berenikes Haupthaar, auch hier, – ich flocht,
ich zerflocht,
ich flechte, zerflechte.
Ich flechte.

Blauschlucht, in dich
treib ich das Gold. Auch mit ihm, dem
bei Huren und Dirnen vertanen,
komm ich und komm ich. Zu dir,
Geliebte.

Auch mit Fluch und Gebet. Auch mit jeder
der über mich hin-
schwirrenden Keulen: auch sie in eins
geschmolzen, auch sie
phallisch gebündelt zu dir,
Garbe-und-Wort.

Mit Namen, getränkt
von jedem Exil.
Mit Namen und Samen,
mit Namen, getaucht
in alle
Kelche, die vollstehn mit deinem
Königsblut, Mensch, – in alle

Kelche der großen
Ghetto-Rose, aus der
du uns ansiehst, unsterblich von soviel
auf Morgenwegen gestorbenen Toden.

(Und wir sangen die Warschowjanka.
Mit verschilften Lippen, Petrarca.
In Tundra-Ohren, Petrarca.)

Und es steigt eine Erde herauf, die unsre,
diese.
Und wir schicken
keinen der Unsern hinunter
zu dir,
Babel

# Die Silbe Schmerz

Es gab sich Dir in die Hand:
ein Du, todlos,
an dem alles Ich zu sich kam. Es fuhren
wortfreie Stimmen rings, Leerformen, alles
ging in sie ein, gemischt
und entmischt
und wieder
gemischt.

Und Zahlen waren
mitverwoben in das
Unzählbare. Eins und Tausend und was
davor und dahinter
größer war als es selbst, kleiner, aus-
gereift und
rück- und fort-
verwandelt in
keimendes Niemals.

Vergessenes griff
nach Zu-Vergessendem, Erdteile, Herzteile
schwammen,
sanken und schwammen. Kolumbus,
die Zeit-
lose im Aug, die Mutter-
Blume,
mordete Masten und Segel. Alles fuhr aus,

frei,
entdeckerisch,
blühte die Windrose ab, blätterte
ab, ein Weltmeer
blühte zuhauf und zutag, im Schwarzlicht
der Wildsteuerstriche. In Särgen,
Urnen, Kanopen
erwachten die Kindlein
Jaspis, Achat, Amethyst – Völker,
Stämme und Sippen, ein blindes

Es sei

knüpfte sich in
die schlangenköpfigen Frei-
Taue –: ein
Knoten
(und Wider- und Gegen- und Aber- und Zwillings- und Tau-
sendknoten), an dem
die fastnachtsäugige Brut
der Mardersterne im Abgrund
buch-, buch-, buch-,
stabierte, stabierte.

# Und mit dem Buch aus Tarussa

Все поэты жиды
*Marina Zwetajewa*

Vom
Sternbild des Hundes, vom
Hellstern darin und der Zwerg-
leuchte, die mitwebt
an erdwärts gespiegelten Wegen,

von
Pilgerstäben, auch dort, von Südlichem, fremd
und nachtfasernah
wie unbestattete Worte,
streunend
im Bannkreis erreichter
Ziele und Stelen und Wiegen.

Von
Wahr- und Voraus- und Vorüber-zu-dir-,
von
Hinaufgesagtem,
das dort bereitliegt, einem
der eigenen Herzsteine gleich, die man ausspie
mitsamt ihrem un-
verwüstlichen Uhrwerk, hinaus
in Unland und Unzeit. Von solchem
Ticken und Ticken inmitten
der Kies-Kuben mit
der auf Hyänenspur rückwärts,
aufwärts verfolgbaren
Ahnen-

reihe Derer-
vom-Namen-und-Seiner-
Rundschlucht.

Von
einem Baum, von einem.
Ja, auch von ihm. Und vom Wald um ihn her. Vom Wald
Unbetreten, vom
Gedanken, dem er entwuchs, als Laut
und Halblaut und Ablaut und Auslaut, skythisch
zusammengereimt
im Takt
der Verschlagenen-Schläfe,
mit
geatmeten Steppen-
halmen geschrieben ins Herz
der Stundenzäsur – in das Reich,
in der Reiche
weitestes, in
den Großbinnenreim
jenseits
der Stummvölker-Zone, in dich
Sprachwaage, Wortwaage, Heimat-
waage Exil.

Von diesem Baum, diesem Wald.

Von der Brücken-
quader, von der
er ins Leben hinüber-
prallte, flügge

von Wunden, – vom
Pont Mirabeau.
Wo die Oka nicht mitfließt. Et quels
amours! (Kyrillisches, Freunde, auch das
ritt ich über die Seine,
ritts übern Rhein.)

Von einem Brief, von ihm.
Vom Ein-Brief, vom Ost-Brief. Vom harten,
winzigen Worthaufen, vom
unbewaffneten Auge, das er
den drei
Gürtelsternen Orions – Jakobs-
stab, du,
abermals kommst du gegangen! –
zuführt auf der
Himmelskarte, die sich ihm aufschlug.

Vom Tisch, wo das geschah.

Von einem Wort, aus dem Haufen,
an dem er, der Tisch,
zur Ruderbank wurde, vom Oka-Fluß her
und den Wassern.

Vom Nebenwort, das
ein Ruderknecht nachknirscht, ins Spätsommerohr
seiner hell-
hörigen Dolle:

Kolchis.

IN DER LUFT, da bleibt deine Wurzel, da,
in der Luft.
Wo sich das Irdische ballt, erdig,
Atem-und-Lehm.

Groß
geht der Verbannte dort oben, der
Verbrannte: ein Pommer, zuhause
im Maikäferlied, das mütterlich blieb, sommerlich, hell-
blütig am Rand
aller schroffen,
winterhart-kalten
Silben.

Mit ihm
wandern die Meridiane:
an-
gesogen von seinem
sonnengesteuerten Schmerz, der die Länder verbrüdert nach
dem Mittagsspruch einer
liebenden
Ferne. Aller-
orten ist Hier und ist Heute, ist, von Verzweiflungen her,
der Glanz,
in den die Entzweiten treten mit ihren
geblendeten Mündern:

der Kuß, nächtlich,
brennt einer Sprache den Sinn ein, zu der sie erwachen, sie –:

heimgekehrt in
den unheimlichen Bannstrahl,
der die Verstreuten versammelt, die
durch die Sternwüste Seele Geführten, die
Zeltmacher droben im Raum
ihrer Blicke und Schiffe,
die winzigen Garben Hoffnung,
darin es von Erzengelfittichen rauscht, von Verhängnis,
die Brüder, die Schwestern, die
zu leicht, die zu schwer, die zu leicht
Befundenen mit
der Weltenwaage im blut-
schändrischen, im
fruchtbaren Schoß, die lebenslang Fremden,
spermatisch bekränzt von Gestirnen, schwer
in den Untiefen lagernd, die Leiber
zu Schwellen getürmt, zu Dämmen, – die

Furtenwesen, darüber
der Klumpfuß der Götter herüber-
gestolpert kommt – um
wessen
Sternzeit zu spät?

# Atemwende

DU DARFST mich getrost
mit Schnee bewirten:
sooft ich Schulter an Schulter
mit dem Maulbeerbaum schritt durch den Sommer,
schrie sein jüngstes
Blatt.

IN DEN FLÜSSEN nördlich der Zukunft
werf ich das Netz aus, das du
zögernd beschwerst
mit von Steinen geschriebenen
Schatten.

DIE ZAHLEN, im Bund
mit der Bilder Verhängnis
und Gegen-
verhängnis.

Der drübergestülpte
Schädel, an dessen
schlafloser Schläfe ein irr-
lichternder Hammer
all das im Welttakt
besingt.

STEHEN, im Schatten
des Wundenmals in der Luft.

Für-niemand-und-nichts-Stehn.
Unerkannt,
für dich
allein.

Mit allem, was darin Raum hat,
auch ohne
Sprache.

FADENSONNEN
über der grauschwarzen Ödnis.
Ein baum-
hoher Gedanke
greift sich den Lichtton: es sind
noch Lieder zu singen jenseits
der Menschen.

WORTAUFSCHÜTTUNG, vulkanisch,
meerüberrauscht.

Oben
der flutende Mob
der Gegengeschöpfe: er
flaggte – Abbild und Nachbild
kreuzen eitel zeithin.

Bis du den Wortmond hinaus-
schleuderst, von dem her
das Wunder Ebbe geschieht
und der herz-
förmige Krater
nackt für die Anfänge zeugt,
die Königs-
geburten.

WEGGEBEIZT vom
Strahlenwind deiner Sprache
das bunte Gerede des An-
erlebten – das hundert-
züngige Mein-
gedicht, das Genicht.

Aus-
gewirbelt,
frei
der Weg durch den menschen-
gestaltigen Schnee,
den Büßerschnee, zu
den gastlichen
Gletscherstuben und -tischen.

Tief
in der Zeitenschrunde,
beim
Wabeneis
wartet, ein Atemkristall,
dein unumstößliches
Zeugnis.

VOM GROSSEN
Augen-
losen
aus deinen Augen geschöpft:

der sechs-
kantige, absageweiße
Findling.

Eine Blindenhand, sternhart auch sie
vom Namen-Durchwandern,
ruht auf ihm, so
lang wie auf dir,
Esther.

SINGBARER REST – der Umriß
dessen, der durch
die Sichelschrift lautlos hindurchbrach,
abseits, am Schneeort.

Quirlend
unter Kometen-
brauen
die Blickmasse, auf
die der verfinsterte winzige
Herztrabant zutreibt
mit dem
draußen erjagten Funken.

– Entmündigte Lippe, melde,
daß etwas geschieht, noch immer,
unweit von dir.

AM WEISSEN GEBETRIEMEN – der
Herr dieser Stunde
war
ein Wintergeschöpf, ihm
zulieb
geschah, was geschah –
biß sich mein kletternder Mund fest, noch einmal,
als er dich suchte, Rauchspur
du, droben,
in Frauengestalt,
du auf der Reise zu meinen
Feuergedanken im Schwarzkies
jenseits der Spaltworte, durch
die ich dich gehn sah, hoch-
beinig und
den schwerlippigen eignen
Kopf
auf dem von meinen
tödlich genauen
Händen
lebendigen Körper.

Sag deinen dich
bis in die Schluchten hinein-
begleitenden Fingern, wie
ich dich kannte, wie weit
ich dich ins Tiefe stieß, wo
dich mein bitterster Traum
herzher beschlief, im Bett
meines unablösbaren Namens.

# Hafen

Wundgeheilt: wo-,
wenn du wie ich wärst, kreuz-
und quergeträumt von
Schnapsflaschenhälsen am
Hurentisch

– würfel
mein Glück zurecht, Meerhaar,
schaufel die Welle zuhauf, die mich trägt, Schwarzfluch,
brich dir den Weg
durch den heißesten Schoß,
Eiskummerfeder –,

wo-
hin
kämst du nicht mit mir zu liegen, auch
auf die Bänke
bei Mutter Clausen, ja sie
weiß, wie oft ich dir bis
in die Kehle hinaufsang, heidideldu,
wie die heidelbeerblaue
Erle der Heimat mit all ihrem Laub,
heidudeldi,
du, wie die
Astralflöte von
jenseits des Weltgrats – auch da
schwammen wir, Nacktnackte, schwammen,
den Abgrundvers auf

brandroter Stirn – unverglüht grub
sich das tief-
innen flutende Gold
seine Wege nach oben –,

                          hier,
mit bewimperten Segeln,
fuhr auch Erinnrung vorbei, langsam
sprangen die Brände hinüber, ab-
getrennt, du,
abgetrennt auf
den beiden blau-
schwarzen Gedächtnis-
schuten,
doch angetrieben auch jetzt
vom Tausend-
arm, mit dem ich dich hielt,
kreuzen, an Sternwurf-Kaschemmen vorbei,
unsre immer noch trunknen, trinkenden,
nebenweltlichen Münder – ich nenne nur sie –,

bis drüben am zeitgrünen Uhrturm
die Netz-, die Ziffernhaut lautlos
sich ablöst – ein Wahndock,
schwimmend, davor
abweltweiß die
Buchstaben der
Großkräne einen
Unnamen schreiben, an dem
klettert sie hoch, zum Todessprung, die
Laufkatze Leben,

den
baggern die sinn-
gierigen Sätze nach Mitternacht aus,
nach ihm
wirft die neptunische Sünde ihr korn-
schnapsfarbenes Schleppseil,
zwischen
zwölf-
tonigen Liebeslautbojen
– Ziehbrunnenwinde damals, mit dir
singt es im nicht mehr
binnenländischen Chor –
kommen die Leuchtfeuerschiffe getanzt,
weither, aus Odessa,

die Tieflademarke,
die mit uns sinkt, unsrer Last treu,
eulenspiegelt das alles
hinunter, hinauf und – warum nicht? *wundgeheilt, wo-,*

                                        *wenn –*

herbei und vorbei und herbei.

LANDSCHAFT mit Urnenwesen.
Gespräche
von Rauchmund zu Rauchmund.

Sie essen:
die Tollhäusler-Trüffel, ein Stück
unvergrabner Poesie,
fand Zunge und Zahn.

Eine Träne rollt in ihr Auge zurück.

Die linke, verwaiste
Hälfte der Pilger-
muschel – sie schenkten sie dir,
dann banden sie dich –
leuchtet lauschend den Raum aus:

das Klinkerspiel gegen den Tod
kann beginnen.

DIE GAUKLERTROMMEL,
von meinem Herzgroschen laut.

Die Sprossen der Leiter, über
die Odysseus, mein Affe, nach Ithaka klettert,
rue de Longchamp, eine Stunde
nach dem verschütteten Wein:

tu das zum Bild,
das uns heimwürfelt in
den Becher, in dem ich bei dir lieg,
unausspielbar.

# In Prag

Der halbe Tod,
großgesäugt mit unserm Leben,
lag aschenbildwahr um uns her –

auch wir
tranken noch immer, seelenverkreuzt, zwei Degen,
an Himmelssteine genäht, wortblutgeboren
im Nachtbett,

größer und größer
wuchsen wir durcheinander, es gab
keinen Namen mehr für
das, was uns trieb (einer der Wieviel-
unddreißig
war mein lebendiger Schatten,
der die Wahnstiege hochklomm zu dir?),

ein Turm,
baute der Halbe sich ins Wohin,
ein Hradschin
aus lauter Goldmacher-Nein,

Knochen-Hebräisch,
zu Sperma zermahlen,
rann durch die Sanduhr,
die wir durchschwammen, zwei Träume jetzt, läutend
wider die Zeit, auf den Plätzen.

ASCHENGLORIE hinter
deinen erschüttert-verknoteten
Händen am Dreiweg.

Pontisches Einstmals: hier,
ein Tropfen,
auf
dem ertrunkenen Ruderblatt,
tief
im versteinerten Schwur,
rauscht es auf.

(Auf dem senkrechten
Atemseil, damals,
höher als oben,
zwischen zwei Schmerzknoten, während
der blanke
Tatarenmond zu uns heraufklomm,
grub ich mich in dich und in dich.)

Aschen-
glorie hinter
euch Dreiweg-
Händen.

Das vor euch, vom Osten her, Hin-
gewürfelte, furchtbar.

Niemand
zeugt für den
Zeugen.

CELLO-EINSATZ
von hinter dem Schmerz:

die Gewalten, nach Gegen-
himmeln gestaffelt,
wälzen Undeutbares vor
Einflugschneise und Einfahrt,

der
erklommene Abend
steht voller Lungengeäst,

zwei
Brandwolken Atem
graben im Buch,
das der Schläfenlärm aufschlug,

etwas wird wahr,

zwölfmal erglüht
das von Pfeilen getroffene Drüben,

die Schwarz-
blütige trinkt
des Schwarzblütigen Samen,

alles ist weniger, als
es ist,
alles ist mehr.

# Frihed

Im Haus zum gedoppelten Wahn,
wo die Steinboote fliegen
überm
Weißkönigs-Pier, den Geheimnissen zu,
wo das endlich
abgenabelte
Orlog-Wort kreuzt,

bin ich, von Schilfmark Genährte,
in dir, auf
Wildenten-Teichen,

ich singe –

was sing ich?

Der Mantel
des Saboteurs
mit den roten, den weißen
Kreisen um die
Einschuß-
stellen
– durch sie
erblickst du das mit uns fahrende
frei-
sternige Oben –
deckt uns jetzt zu,

der Grünspan-Adel vom Kai,
mit seinen Backstein-Gedanken
rund um die Stirn,
häuft den Geist rings, den Gischt,

schnell
verblühn die Geräusche
diesseits und jenseits der Trauer,

die näher-
segelnde
Eiterzacke der Krone
in eines Schief-
geborenen Aug
dichtet
dänisch.

# Give the Word

Ins Hirn gehaun – halb? zu drei Vierteln? –,
gibst du, genächtet, die Parolen – diese:

»Tatarenpfeile«.
            »Kunstbrei«.
                        »Atem«.

Es kommen alle, keiner fehlt und keine.
(Sipheten und Probyllen sind dabei.)

Es kommt ein Mensch.

Weltapfelgroß die Träne neben dir,
durchrauscht, durchfahren
von Antwort,
            Antwort,
                        Antwort.
Durcheist – von wem?

»Passiert«, sagst du,
            »passiert«,
                        »passiert«.

Der stille Aussatz löst sich dir vom Gaumen
und fächelt deiner Zunge Licht zu,
                        Licht.

SCHLICKENDE, dann
krautige Stille der Ufer.

Die eine Schleuse noch. Am
Warzenturm, mit
Brackigem übergossen,
mündest du ein.

Vor dir, in
den rudernden Riesensporangien,
sichelt, als keuchten dort Worte,
ein Glanz.

DER MIT HIMMELN GEHEIZTE
Feuerriß durch die Welt.

Die Wer da?-Rufe
in seinem Innern:

durch dich hier hindurch
auf den Schild
der Ewigen Wanze gespiegelt,
umschnüffelt von Falsch und Verstört,

die unendliche Schleife ziehend, trotzdem,
die schiffbar bleibt für die un-
getreidelte Antwort.

Ansprache anläßlich der
Entgegennahme des Literaturpreises
der Freien Hansestadt Bremen

Denken und Danken sind in unserer Sprache Worte ein und desselben Ursprungs. Wer ihrem Sinn folgt, begibt sich in den Bedeutungsbereich von: »gedenken«, »eingedenk sein«, »Andenken«, »Andacht«. Erlauben Sie mir, Ihnen von hier aus zu danken.

Die Landschaft, aus der ich – auf welchen Umwegen! aber gibt es das denn: Umwege? –, die Landschaft, aus der ich zu Ihnen komme, dürfte den meisten von Ihnen unbekannt sein. Es ist die Landschaft, in der ein nicht unbeträchtlicher Teil jener chassidischen Geschichten zu Hause war, die Martin Buber uns allen auf deutsch wiedererzählt hat. Es war, wenn ich diese topographische Skizze noch um einiges ergänzen darf, das mir, von sehr weit her, jetzt vor Augen tritt, – es war eine Gegend, in der Menschen und Bücher lebten. Dort, in dieser nun der Geschichtslosigkeit anheimgefallenen ehemaligen Provinz der Habsburgermonarchie, kam zum erstenmal der Name Rudolf Alexander Schröders auf mich zu: beim Lesen von Rudolf Borchardts »Ode mit dem Granatapfel«. Und dort gewann Bremen auch so Umriß für mich: in der Gestalt der Veröffentlichungen der Bremer Presse.

Aber Bremen, nähergebracht durch Bücher und die Namen derer, die Bücher schrieben und Bücher herausgaben, behielt den Klang des Unerreichbaren.

Das Erreichbare, fern genug, das zu Erreichende hieß Wien. Sie wissen, wie es dann durch Jahre auch um diese Erreichbarkeit bestellt war.

Erreichbar, nah und unverloren blieb inmitten der Verluste dies eine: die Sprache.

Sie, die Sprache, blieb unverloren, ja, trotz allem. Aber sie mußte nun hindurchgehen durch ihre eigenen Antwortlosigkeiten, hindurchgehen durch furchtbares Verstummen, hindurchgehen durch die tausend Finsternisse todbringender Rede. Sie ging hindurch und gab keine Worte her für das, was geschah; aber sie ging durch dieses Geschehen. Ging hindurch und durfte wieder zutage treten, »angereichert« von all dem.

In dieser Sprache habe ich, in jenen Jahren und in den Jahren nachher, Gedichte zu schreiben versucht: um zu sprechen, um mich zu orientieren, um zu erkunden, wo ich mich befand und wohin es mit mir wollte, um mir Wirklichkeit zu entwerfen.

Es war, Sie sehen es, Ereignis, Bewegung, Unterwegssein, es war der Versuch, Richtung zu gewinnen. Und wenn ich es nach seinem Sinn befrage, so glaube ich, mir sagen zu müssen, daß in dieser Frage auch die Frage nach dem Uhrzeigersinn mitspricht.

Denn das Gedicht ist nicht zeitlos. Gewiß, es erhebt einen Unendlichkeitsanspruch, es sucht, durch die Zeit hindurchzugreifen – durch sie hindurch, nicht über sie hinweg.

Das Gedicht kann, da es ja eine Erscheinungsform der Sprache und damit seinem Wesen nach dialogisch ist, eine Flaschenpost sein, aufgegeben in dem – gewiß nicht immer hoffnungsstarken – Glauben, sie könnte irgendwo und irgendwann an Land gespült werden, an Herzland vielleicht. Gedichte sind auch in dieser Weise unterwegs: sie halten auf etwas zu.

Worauf? Auf etwas Offenstehendes, Besetzbares, auf ein ansprechbares Du vielleicht, auf eine ansprechbare Wirklichkeit.

Um solche Wirklichkeiten geht es, so denke ich, dem Gedicht.

Und ich glaube auch, daß Gedankengänge wie diese nicht nur meine eigenen Bemühungen begleiten, sondern auch diejenigen anderer Lyriker der jüngeren Generation. Es sind die

Bemühungen dessen, der, überflogen von Sternen, die Menschenwerk sind, der, zeltlos auch in diesem bisher ungeahnten Sinne und damit auf das unheimlichste im Freien, mit seinem Dasein zur Sprache geht, wirklichkeitswund und Wirklichkeit suchend.

*1958*

# Der Meridian

Rede anläßlich der Verleihung des Georg-Büchner-Preises

Meine Damen und Herren!

Die Kunst, das ist, Sie erinnern sich, ein marionettenhaftes, jambisch-fünffüßiges und – diese Eigenschaft ist auch, durch den Hinweis auf Pygmalion und sein Geschöpf, mythologisch belegt – kinderloses Wesen.

In dieser Gestalt bildet sie den Gegenstand einer Unterhaltung, die in einem Zimmer, also nicht in der Conciergerie stattfindet, einer Unterhaltung, die, das spüren wir, endlos fortgesetzt werden könnte, wenn nichts dazwischenkäme.

Es kommt etwas dazwischen.

Die Kunst kommt wieder. Sie kommt in einer anderen Dichtung Georg Büchners wieder, im »Wozzeck«, unter anderen, namenlosen Leuten und – wenn ich ein auf »Dantons Tod« gemünztes Wort Moritz Heimanns diesen Weg gehen lassen darf – bei noch »fahlerem Gewitterlicht«. Dieselbe Kunst tritt, auch in dieser ganz anderen Zeit, wieder auf den Plan, von einem Marktschreier präsentiert, nicht mehr, wie während jener Unterhaltung, auf die »glühende«, »brausende« und »leuchtende« Schöpfung beziehbar, sondern neben der Kreatur und dem »Nix«, das diese Kreatur »anhat«, – die Kunst erscheint diesmal in Affengestalt, aber es ist dieselbe, an »Rock und Hosen« haben wir sie sogleich wiedererkannt. Und sie kommt – die Kunst – auch mit einer dritten Dichtung Büchners zu uns, mit »Leonce und Lena«, Zeit und Beleuchtung sind hier nicht wiederzuerkennen, wir sind ja »auf der Flucht ins Paradies«, »alle Uhren und Kalender« sollen bald »zerschlagen« bzw. »verboten« werden, – aber kurz vorher werden noch »zwei Personen beiderlei Geschlechts« vorgeführt, »zwei weltberühmte Automaten sind angekommen«, und ein Mensch, der von sich verkündigt, daß er »vielleicht der dritte und merkwürdigste von den beiden« sei, fordert uns, »mit schnarrendem Ton«, dazu auf, zu bestaunen, was wir vor Augen haben: »Nichts als Kunst und Mechanismus, nichts als Pappendeckel und Uhrfedern!«

Die Kunst erscheint hier mit größerer Begleitung als bisher, aber, das springt in die Augen, sie ist unter ihresgleichen, es ist dieselbe Kunst: die Kunst, die wir schon kennen. – Valerio, das ist nur ein anderer Name für den Ausrufer.

Die Kunst, meine Damen und Herren, ist, mit allem zu ihr Gehörenden und noch Hinzukommenden, auch ein Problem, und zwar, wie man sieht, ein verwandlungsfähiges, zäh- und langlebiges, will sagen ewiges.

Ein Problem, das einem Sterblichen, Camille, und einem nur von seinem Tod her zu Verstehenden, Danton, Worte und Worte aneinanderzureihen erlaubt. Von der Kunst ist gut reden.

Aber es gibt, wenn von der Kunst die Rede ist, auch immer wieder jemand, der zugegen ist und . . . nicht richtig hinhört. Genauer: jemand, der hört und lauscht und schaut . . . und dann nicht weiß, wovon die Rede war. Der aber den Sprechenden hört, der ihn »sprechen sieht«, der Sprache wahrgenommen hat und Gestalt, und zugleich auch – wer vermöchte hier, im Bereich dieser Dichtung, daran zu zweifeln? –, und zugleich auch Atem, das heißt Richtung und Schicksal.

Das ist, Sie wissen es längst, sie kommt ja, die so oft und kaum von ungefähr so oft Zitierte, mit jedem neuen Jahr zu Ihnen – das ist Lucile.

Das während der Unterhaltung Dazwischengekommene

greift rücksichtslos durch, es gelangt mit uns auf den Revolutionsplatz, »die Wagen kommen angefahren und halten«.

Die Mitgefahrenen sind da, vollzählig, Danton, Camille, die anderen. Sie alle haben, auch hier, Worte, kunstreiche Worte, sie bringen sie an den Mann, es ist, Büchner braucht hier mitunter nur zu zitieren, vom gemeinsamen In-den-Tod-gehen die Rede, Fabre will sogar »doppelt« sterben können, jeder ist auf der Höhe, – nur ein paar Stimmen, »einige« – namenlose – »Stimmen«, finden, daß das alles »schon einmal dagewesen und langweilig« sei.

Und hier, wo alles zu Ende geht, in den langen Augenblicken, da Camille – nein, nicht er, nicht er selbst, sondern ein Mitgefahrener –, da dieser Camille theatralisch – fast möchte man sagen: jambisch – einen Tod stirbt, den wir erst zwei Szenen später, von einem ihm fremden – einem ihm so nahen – Wort her, als den seinen empfinden können, als rings um Camille Pathos und Sentenz den Triumph von »Puppe« und »Draht« bestätigen, da ist Lucile, die Kunstblinde, dieselbe Lucile, für die Sprache etwas Personhaftes und Wahrnehmbares hat, noch einmal da, mit ihrem plötzlichen »Es lebe der König!«

Nach allen auf der Tribüne (es ist das Blutgerüst) gesprochenen Worten – welch ein Wort!

Es ist das Gegenwort, es ist das Wort, das den »Draht« zerreißt, das Wort, das sich nicht mehr vor den »Eckstehern und Paradegäulen der Geschichte« bückt, es ist ein Akt der Freiheit. Es ist ein Schritt.

Gewiß, es hört sich – und das mag im Hinblick auf das, was ich jetzt, also heute davon zu sagen wage, kein Zufall sein –, es hört sich zunächst wie ein Bekenntnis zum »ancien régime« an. Aber hier wird – erlauben Sie einem auch mit den Schriften Peter Kropotkins und Gustav Landauers Aufgewachsenen, dies ausdrücklich hervorzuheben –, hier wird keiner Monarchie und keinem zu konservierenden Gestern gehuldigt.

Gehuldigt wird hier der für die Gegenwart des Menschlichen zeugenden Majestät des Absurden.

Das, meine Damen und Herren, hat keinen ein für allemal feststehenden Namen, aber ich glaube, es ist ... die Dichtung.

»– ach, die Kunst!« Ich bin, Sie sehen es, an diesem Wort Camilles hängengeblieben.
Man kann, ich bin mir dessen durchaus bewußt, dieses Wort so oder so lesen, man kann verschiedene Akzente setzen: den Akut des Heutigen, den Gravis des Historischen – auch Literarhistorischen –, den Zirkumflex – ein Dehnungszeichen – des Ewigen.
Ich setze – mir bleibt keine andere Wahl –, ich setze den Akut.
Die Kunst – »ach, die Kunst«: sie besitzt, neben ihrer Verwandlungsfähigkeit, auch die Gabe der Ubiquität –: sie ist auch im »Lenz« wiederzufinden, auch hier – ich erlaube mir, das zu betonen –, wie in »Dantons Tod«, als Episode.

»Über Tisch war Lenz wieder in guter Stimmung: man sprach von Literatur, er war auf seinem Gebiete ...«
»... Das Gefühl, daß, was geschaffen sei, Leben habe, stehe über diesen beiden und sei das einzige Kriterium in Kunstsachen ...«

Ich habe hier nur zwei Sätze herausgegriffen, mein in bezug auf den Gravis schlechtes Gewissen verbietet es mir, Sie nicht sogleich darauf aufmerksam zu machen, – diese Stelle hat, vor allem anderen, literarhistorische Relevanz, man muß sie mit der schon zitierten Unterhaltung in »Dantons Tod« zusammenzulesen wissen, hier findet Büchners ästhetische Konzeption ihren Ausdruck, von hier aus gelangt man, das Lenz-Fragment Büchners verlassend, zu Reinhold Lenz, dem Verfasser der »Anmerkungen übers Theater«, und über ihn, den historischen Lenz also, weiter zurück zu dem literarisch so ergiebigen »Elargissez l'Art« Merciers, diese Stelle eröffnet Ausblicke, hier ist der Naturalismus, hier ist Gerhart Hauptmann vorweggenommen, hier sind auch die sozialen und politischen Wurzeln der Büchnerschen Dichtung zu suchen und zu finden.

Meine Damen und Herren, daß ich das nicht unerwähnt lasse, beruhigt zwar, wenn auch nur vorübergehend, mein Gewissen, es zeigt Ihnen aber zugleich auch, und damit beunruhigt es mein Gewissen aufs neue, – es zeigt Ihnen, daß ich von etwas nicht loskomme, das mir mit der Kunst zusammenzuhängen scheint.
Ich suche es auch hier, im »Lenz«, – ich erlaube mir, Sie darauf hinzuweisen.
Lenz, also Büchner, hat, »ach, die Kunst«, sehr verächtliche Worte für den »Idealismus« und dessen »Holzpuppen«. Er setzt ihnen, und hier folgen die unvergeßlichen Zeilen über das »Leben des Geringsten«, die »Zuckungen«, die »Andeutungen«, das »ganz feine, kaum bemerkte Mienenspiel«, – er setzt ihnen das Natürliche und Kreatürliche entgegen. Und diese Auffassung von der Kunst illustriert er nun an Hand eines Erlebnisses:

»Wie ich gestern neben am Tal hinaufging, sah ich auf einem Steine zwei Mädchen sitzen: die eine band ihr Haar auf, die andre half ihr; und das goldne Haar hing herab, und ein ernstes bleiches Gesicht, und doch so jung, und die schwarze Tracht, und die andre so sorgsam bemüht. Die schönsten, innigsten Bilder der altdeutschen Schule geben kaum eine Ahnung davon. Man möchte manchmal ein Medusenhaupt sein, um so eine Gruppe in Stein verwandeln zu können, und den Leuten zurufen.«
Meine Damen und Herren, beachten Sie, bitte: »Man möchte

ein Medusenhaupt« sein, um . . . das Natürliche als das Natürliche mittels der Kunst zu erfassen!

*Man* möchte heißt es hier freilich, nicht: *ich* möchte.

Das ist ein Hinaustreten aus dem Menschlichen, ein Sichhinausbegeben in einen dem Menschlichen zugewandten und unheimlichen Bereich – denselben, in dem die Affengestalt, die Automaten und damit . . . ach, auch die Kunst zuhause zu sein scheinen.

So spricht nicht der historische Lenz, so spricht der Büchnersche, hier haben wir Büchners Stimme gehört: die Kunst bewahrt für ihn auch hier etwas Unheimliches.

Meine Damen und Herren, ich habe den Akut gesetzt; ich will Sie ebensowenig wie mich selbst darüber hinwegtäuschen, daß ich mit dieser Frage nach der Kunst und nach der Dichtung – einer Frage unter anderen Fragen –, daß ich mit dieser Frage aus eigenen, wenn auch nicht freien Stücken zu Büchner gegangen sein muß, um die seine aufzusuchen.

Aber Sie sehen es ja: der »schnarrende Ton« Valerios ist, sooft die Kunst in Erscheinung tritt, nicht zu überhören.

Das sind wohl, Büchners Stimme fordert mich zu dieser Vermutung auf, alte und älteste Unheimlichkeiten. Daß ich heute mit solcher Hartnäckigkeit dabei verweile, liegt wohl in der Luft – in der Luft, die wir zu atmen haben.

Gibt es nicht – so muß ich jetzt fragen –, gibt es nicht bei Georg Büchner, bei dem Dichter der Kreatur, eine vielleicht nur halblaute, vielleicht nur halbbewußte, aber darum nicht minder radikale – oder gerade deshalb im eigentlichsten Sinne radikale In-Frage-Stellung der Kunst, eine In-Frage-Stellung aus dieser Richtung? Eine In-Frage-Stellung, zu der alle heutige Dichtung zurück muß, wenn sie weiterfragen will? Mit anderen, einiges überspringenden Worten: Dürfen wir, wie es jetzt vielerorts geschieht, von der Kunst als von einem Vorgegebenen und unbedingt Vorauszusetzenden ausgehen, sollen wir, um es ganz konkret auszudrücken, vor allem – sagen wir – Mallarmé konsequent zu Ende denken?

Ich habe vorgegriffen, hinausgegriffen – nicht weit genug, ich weiß –, ich kehre zu Büchners »Lenz« zurück, zu dem – episodischen – Gespräch also, das »über Tisch« geführt wurde und bei dem Lenz »in guter Stimmung war«.

Lenz hat lange gesprochen, »bald lächelnd, bald ernst«. Und jetzt, nachdem das Gespräch zu Ende ist, heißt es von ihm, also von dem mit Fragen der Kunst Beschäftigten, aber zugleich auch von dem Künstler Lenz: »Er hatte sich ganz vergessen.«

Ich denke an Lucile, indem ich das lese; ich lese: *Er,* er selbst. Wer Kunst vor Augen und im Sinn hat, der ist – ich bin hier bei der Lenz-Erzählung –, der ist selbstvergessen. Kunst schafft Ich-Ferne. Kunst fordert hier in einer bestimmten Richtung eine bestimmte Distanz, einen bestimmten Weg.

Und Dichtung? Dichtung, die doch den Weg der Kunst zu gehen hat? Dann wäre hier ja wirklich der Weg zu Medusenhaupt und Automat gegeben!

Ich suche jetzt keinen Ausweg, ich frage nur, in derselben Richtung, und, so glaube ich, auch in der mit dem Lenz-Fragment gegebenen Richtung weiter.

Vielleicht – ich frage nur –, vielleicht geht die Dichtung, wie die Kunst, mit einem selbstvergessenen Ich zu jenem Unheimlichen und Fremden, und setzt sich – doch wo? doch an welchem Ort? doch womit? doch als was? – wieder frei?

Dann wäre die Kunst der von der Dichtung zurückzulegende Weg – nicht weniger, nicht mehr.

Ich weiß, es gibt andere, kürzere Wege. Aber auch die Dichtung eilt uns ja manchmal voraus. La poésie, elle aussi, brûle nos étapes.

Ich verlasse den Selbstvergessenen, den mit Kunst Beschäftigten, den Künstler. Ich habe bei Lucile der Dichtung zu begegnen geglaubt, und Lucile nimmt Sprache als Gestalt und Richtung und Atem wahr –: ich suche, auch hier, in dieser Dichtung Büchners, dasselbe, ich suche Lenz selbst, ich suche ihn – als Person, ich suche seine Gestalt: um des Ortes der Dichtung, um der Freisetzung, um des Schritts willen.

Der Büchnersche Lenz, meine Damen und Herren, ist ein Fragment geblieben. Sollen wir, um zu erfahren, welche Richtung dieses Dasein hatte, den historischen Lenz aufsuchen?
»Sein Dasein war ihm eine notwendige Last. – So lebte er hin . . .« Hier bricht die Erzählung ab.
Aber Dichtung versucht ja, wie Lucile, die Gestalt in ihrer Richtung zu sehen, Dichtung eilt voraus. Wir wissen, wo*hin* er lebt, wie er *hin*lebt.
»Der Tod«, so liest man in einem 1909 in Leipzig erschienenen Werk über Jakob Michael Reinhold Lenz – es stammt aus der Feder eines Moskauer Privatdozenten namens M. N. Rosanow –, »der Tod als Erlöser ließ nicht lange auf sich warten. In der Nacht vom 23. auf den 24. Mai 1792 wurde Lenz entseelt in einer der Straßen Moskaus aufgefunden. Er wurde auf Kosten eines Adligen begraben. Seine letzte Ruhestätte ist unbekannt geblieben.«
So hatte *er hin*gelebt.
Er: der wahre, der Büchnersche Lenz, die Büchnersche Gestalt, die Person, die wir auf der ersten Seite der Erzählung wahrnehmen konnten, der Lenz, der »den 20. Jänner durchs Gebirg ging«, er – nicht der Künstler und mit Fragen der Kunst Beschäftigte, er als ein Ich.

Finden wir jetzt vielleicht den Ort, wo das Fremde war, den Ort, wo die Person sich freizusetzen vermochte, als ein – befremdetes – Ich? Finden wir einen solchen Ort, einen solchen Schritt?

». . . nur war es ihm manchmal unangenehm, daß er nicht auf dem Kopf gehn konnte.« – Das ist er, Lenz. Das ist, glaube ich, er und sein Schritt, er und sein »Es lebe der König«.

». . . nur war es ihm manchmal unangenehm, daß er nicht auf dem Kopf gehn konnte.«
Wer auf dem Kopf geht, meine Damen und Herren, – wer auf dem Kopf geht, der hat den Himmel als Abgrund unter sich.

Meine Damen und Herren, es ist heute gang und gäbe, der Dichtung ihre »Dunkelheit« vorzuwerfen. – Erlauben Sie mir, an dieser Stelle unvermittelt – aber hat sich hier nicht jäh etwas aufgetan? –, erlauben Sie mir, hier ein Wort von Pascal zu zitieren, ein Wort, das ich vor einiger Zeit bei Leo Schestow gelesen habe: »Ne nous reprochez pas le manque de clarté car nous en faisons profession!« – Das ist, glaube ich, wenn nicht die kongenitale, so doch wohl die der Dichtung um einer Begegnung willen aus einer – vielleicht selbstentworfenen – Ferne oder Fremde zugeordnete Dunkelheit.

Aber es gibt vielleicht, und in einer und derselben Richtung, zweierlei Fremde – dicht beieinander.

Lenz – das heißt Büchner – ist hier einen Schritt weiter gegangen als Lucile. Sein »Es lebe der König« ist kein Wort mehr, er ist ein furchtbares Verstummen, es verschlägt ihm – und auch uns – den Atem und das Wort.
Dichtung: das kann eine Atemwende bedeuten. Wer weiß, vielleicht legt die Dichtung den Weg – auch den Weg der Kunst – um einer solchen Atemwende willen zurück? Vielleicht gelingt es ihr, da das Fremde, also der Abgrund *und*

das Medusenhaupt, der Abgrund *und* die Automaten, ja in einer Richtung zu liegen scheint, – vielleicht gelingt es ihr hier, zwischen Fremd und Fremd zu unterscheiden, vielleicht schrumpft gerade hier das Medusenhaupt, vielleicht versagen gerade hier die Automaten – für diesen einmaligen kurzen Augenblick? Vielleicht wird hier, mit dem Ich – mit dem *hier* und *solcherart* freigesetzten befremdeten Ich, – vielleicht wird hier noch ein Anderes frei?

Vielleicht ist das Gedicht von da her es selbst... und kann nun, auf diese kunst-lose, kunst-freie Weise, seine anderen Wege, also auch die Wege der Kunst gehen – wieder und wieder gehen?

Vielleicht.

Vielleicht darf man sagen, daß jedem Gedicht sein »20. Jänner« eingeschrieben bleibt? Vielleicht ist das Neue an den Gedichten, die heute geschrieben werden, gerade dies: daß hier am deutlichsten versucht wird, solcher Daten eingedenk zu bleiben?

Aber schreiben wir uns nicht alle von solchen Daten her? Und welchen Daten schreiben wir uns zu?

Aber das Gedicht spricht ja! Es bleibt seiner Daten eingedenk, aber – es spricht. Gewiß, es spricht immer nur in seiner eigenen, allereigensten Sache.

Aber ich denke – und dieser Gedanke kann Sie jetzt kaum überraschen –, ich denke, daß es von jeher zu den Hoffnungen des Gedichts gehört, gerade auf diese Weise auch in *fremder* – nein, dieses Wort kann ich jetzt nicht mehr gebrauchen –, gerade auf diese Weise *in eines Anderen Sache* zu sprechen – wer weiß, vielleicht in eines *ganz Anderen* Sache.

Dieses »wer weiß«, zu dem ich mich jetzt gelangen sehe, ist das einzige, was ich den alten Hoffnungen von mir aus auch heute und hier hinzuzufügen vermag.

Vielleicht, so muß ich mir jetzt sagen, – vielleicht ist sogar ein Zusammentreffen dieses »ganz Anderen« – ich gebrauche hier ein bekanntes Hilfswort – mit einem nicht allzu fernen, einem ganz nahen »anderen« denkbar – immer und wieder denkbar.

Das Gedicht verweilt oder verhofft – ein auf die Kreatur zu beziehendes Wort – bei solchen Gedanken.

Niemand kann sagen, wie lange die Atempause – das Verhoffen und der Gedanke – noch fortwährt. Das »Geschwinde«, das schon immer »draußen« war, hat an Geschwindigkeit gewonnen; das Gedicht weiß das; aber es hält unentwegt auf jenes »Andere« zu, das es sich als erreichbar, als freizusetzen, als vakant vielleicht, und dabei ihm, dem Gedicht – sagen wir: wie Lucile – zugewandt denkt.

Gewiß, das Gedicht – das Gedicht heute – zeigt, und das hat, glaube ich, denn doch nur mittelbar mit den – nicht zu unterschätzenden – Schwierigkeiten der Wortwahl, dem rapideren Gefälle der Syntax oder dem wacheren Sinn für die Ellipse zu tun, – das Gedicht zeigt, das ist unverkennbar, eine starke Neigung zum Verstummen.

Es behauptet sich – erlauben Sie mir, nach so vielen extremen Formulierungen, nun auch diese –, das Gedicht behauptet sich am Rande seiner selbst; es ruft und holt sich, um bestehen zu können, unausgesetzt aus seinem Schon-nicht-mehr in sein Immer-noch zurück.

Dieses Immer-noch kann doch wohl nur ein Sprechen sein. Also nicht Sprache schlechthin und vermutlich auch nicht erst vom Wort her »Entsprechung«.

Sondern aktualisierte Sprache, freigesetzt unter dem Zeichen einer zwar radikalen, aber gleichzeitig auch der ihr von der Sprache gezogenen Grenzen, der ihr von der Sprache erschlossenen Möglichkeiten eingedenk bleibenden Individuation.

Dieses Immer-noch des Gedichts kann ja wohl nur in dem Gedicht dessen zu finden sein, der nicht vergißt, daß er unter dem Neigungswinkel seines Daseins, dem Neigungswinkel seiner Kreatürlichkeit spricht.

Dann wäre das Gedicht – deutlicher noch als bisher – gestalt-gewordene Sprache eines Einzelnen, – und seinem innersten Wesen nach Gegenwart und Präsenz.

Das Gedicht ist einsam. Es ist einsam und unterwegs. Wer es schreibt, bleibt ihm mitgegeben.

Aber steht das Gedicht nicht gerade dadurch, also schon hier, in der Begegnung – *im Geheimnis der Begegnung?*

Das Gedicht will zu einem Andern, es braucht dieses Andere, es braucht ein Gegenüber. Es sucht es auf, es spricht sich ihm zu.

Jedes Ding, jeder Mensch ist dem Gedicht, das auf das Andere zuhält, eine Gestalt dieses Anderen.

Die Aufmerksamkeit, die das Gedicht allem ihm Begegnenden zu widmen versucht, sein schärferer Sinn für das Detail, für Umriß, für Struktur, für Farbe, aber auch für die »Zuckun-gen« und die »Andeutungen«, das alles ist, glaube ich, keine Errungenschaft des mit den täglichen perfekteren Apparaten wetteifernden (oder miteifernden) Auges, es ist vielmehr eine aller unserer Daten eingedenk bleibende Konzentration.

»Aufmerksamkeit« – erlauben Sie mir hier, nach dem Kafka-Essay Walter Benjamins, ein Wort von Malebranche zu zitieren –, »Aufmerksamkeit ist das natürliche Gebet der Seele.«

Das Gedicht wird – unter welchen Bedingungen! – zum Ge-dicht eines – immer noch – Wahrnehmenden, dem Erschei-nenden Zugewandten, dieses Erscheinende Befragenden und Ansprechenden; es wird Gespräch – oft ist es verzweifeltes Gespräch.

Erst im Raum dieses Gesprächs konstituiert sich das Ange-sprochene, versammelt es sich um das es ansprechende und nennende Ich. Aber in diese Gegenwart bringt das Ange-sprochene und durch Nennung gleichsam zum Du Gewordene auch sein Anderssein mit. Noch im Hier und Jetzt des Ge-

dichts – das Gedicht selbst hat ja immer nur diese eine, ein-
malige, punktuelle Gegenwart –, noch in dieser Unmittel-
barkeit und Nähe läßt es das ihm, dem Anderen, Eigenste
mitsprechen: dessen Zeit.
Wir sind, wenn wir so mit den Dingen sprechen, immer auch
bei der Frage nach ihrem Woher und Wohin: bei einer »offen-
bleibenden«, »zu keinem Ende kommenden«, ins Offene und
Leere und Freie weisenden Frage – wir sind weit draußen.
Das Gedicht sucht, glaube ich, auch diesen Ort.

Das Gedicht?
Das Gedicht mit seinen Bildern und Tropen?

Meine Damen und Herren, wovon spreche ich denn eigent-
lich, wenn ich aus *dieser* Richtung, in *dieser* Richtung, mit
*diesen* Worten vom Gedicht – nein, von *dem* Gedicht spreche?
Ich spreche ja von dem Gedicht, das es nicht gibt!
Das absolute Gedicht – nein, das gibt es gewiß nicht, das
kann es nicht geben!
Aber es gibt wohl, mit jedem wirklichen Gedicht, es gibt, mit
dem anspruchslosesten Gedicht, diese unabweisbare Frage,
diesen unerhörten Anspruch.

Und was wären dann die Bilder?
Das einmal, das immer wieder einmal und nur jetzt und nur
hier Wahrgenommene und Wahrzunehmende. Und das Ge-
dicht wäre somit der Ort, wo alle Tropen und Metaphern ad
absurdum geführt werden wollen.

Toposforschung?
Gewiß! Aber im Lichte des zu Erforschenden: im Lichte der
U-topie.
Und der Mensch? Und die Kreatur?
In diesem Licht.

Welche Fragen! Welche Forderungen!
Es ist Zeit, umzukehren.

Meine Damen und Herren, ich bin am Ende – ich bin wieder am Anfang.
*Elargissez l'Art!* Diese Frage tritt, mit ihrer alten, mit ihrer neuen Unheimlichkeit, an uns heran. Ich bin mit ihr zu Büchner gegangen – ich habe sie dort wiederzufinden geglaubt.
Ich hatte auch eine Antwort bereit, ein »Lucilesches« Gegenwort, ich wollte etwas entgegensetzen, mit meinem Widerspruch dasein:
Die Kunst erweitern?
Nein. Sondern geh mit der Kunst in deine allereigenste Enge. Und setze dich frei.
Ich bin, auch hier, in Ihrer Gegenwart, diesen Weg gegangen. Es war ein Kreis.
Die Kunst, also auch das Medusenhaupt, der Mechanismus, die Automaten, das unheimliche und so schwer zu unterscheidende, letzten Endes vielleicht doch nur *eine* Fremde – die Kunst lebt fort.
Zweimal, bei Luciles »Es lebe der König«, und als sich unter Lenz der Himmel als Abgrund auftat, schien die Atemwende da zu sein. Vielleicht auch, als ich auf jenes Ferne und Besetzbare zuzuhalten versuchte, das schließlich ja doch nur in der Gestalt Luciles sichtbar wurde. Und einmal waren wir auch, von der den Dingen und der Kreatur gewidmeten Aufmerksamkeit her, in die Nähe eines Offenen und Freien gelangt. Und zuletzt in die Nähe der Utopie.

Die Dichtung, meine Damen und Herren –: diese Unendlichsprechung von lauter Sterblichkeit und Umsonst!

Meine Damen und Herren, erlauben Sie mir, da ich ja wieder am Anfang bin, noch einmal, in aller Kürze und aus einer anderen Richtung, nach dem Selben zu fragen.

Meine Damen und Herren, ich habe vor einigen Jahren einen kleinen Vierzeiler geschrieben – diesen:

»Stimmen vom Nesselweg her: / *Komm auf den Händen zu uns.* / Wer mit der Lampe allein ist, / hat nur die Hand, draus zu lesen.«

Und vor einem Jahr, in Erinnerung an eine versäumte Begegnung im Engadin, brachte ich eine kleine Geschichte zu Papier, in der ich einen Menschen »wie Lenz« durchs Gebirg gehen ließ.

Ich hatte mich, das eine wie das andere Mal, von einem »20. Jänner«, von meinem »20. Jänner«, hergeschrieben.

Ich bin . . . mir selbst begegnet.

Geht man also, wenn man an Gedichte denkt, geht man mit Gedichten solche Wege? Sind diese Wege nur Um-Wege, Umwege von dir zu dir? Aber es sind ja zugleich auch, unter wie vielen anderen Wegen, Wege, auf denen die Sprache stimmhaft wird, es sind Begegnungen, Wege einer Stimme zu einem wahrnehmenden Du, kreatürliche Wege, Daseinsentwürfe vielleicht, ein Sichvorausschicken zu sich selbst, auf der Suche nach sich selbst . . . Eine Art Heimkehr.

Meine Damen und Herren, ich komme zum Schluß – ich komme, mit dem Akut, den ich zu setzen hatte, zum Schluß von . . . »Leonce und Lena«.

Und hier, bei den letzten zwei Worten dieser Dichtung, muß ich mich in acht nehmen.

Ich muß mich hüten, wie Karl Emil Franzos, der Herausgeber jener »Ersten Kritischen Gesammt-Ausgabe von Georg Büchner's Sämmtlichen Werken und handschriftlichem Nachlaß«, die vor einundachtzig Jahren bei Sauerländer in Frankfurt am Main erschienen ist, – ich muß mich hüten, wie *mein hier wiedergefundener Landsmann Karl Emil Franzos,* das »Commode«, das nun gebraucht wird, als ein »Kommendes« zu lesen!

Und doch: Gibt es nicht gerade in »Leonce und Lena« diese den Worten unsichtbar zugelächelten Anführungszeichen, die vielleicht nicht als Gänsefüßchen, die vielmehr als Hasenöhrchen, das heißt also als etwas nicht ganz furchtlos über sich und die Worte Hinauslauschendes verstanden sein wollen?

Von hier aus, also vom »Commoden« her, aber auch im Lichte der Utopie, unternehme ich – jetzt – Toposforschung:
Ich suche die Gegend aus der Reinhold Lenz und Karl Emil Franzos, die mir auf dem Weg hierher und bei Georg Büchner Begegneten, kommen. Ich suche auch, denn ich bin ja wieder da, wo ich begonnen habe, den Ort meiner eigenen Herkunft.
Ich suche das alles mit wohl sehr ungenauem, weil unruhigem Finger auf der Landkarte – auf einer Kinder-Landkarte, wie ich gleich gestehen muß.
Keiner dieser Orte ist zu finden, es gibt sie nicht, aber ich weiß, wo es sie, zumal jetzt, geben müßte, und ... ich finde etwas!

Meine Damen und Herren, ich finde etwas, das mich auch ein wenig darüber hinwegtröstet, in Ihrer Gegenwart diesen unmöglichen Weg, diesen Weg des Unmöglichen gegangen zu sein.
Ich finde das Verbindende und wie das Gedicht zur Begegnung Führende.
Ich finde etwas – wie die Sprache – Immaterielles, aber Irdisches, Terrestrisches, etwas Kreisförmiges, über die beiden Pole in sich selbst Zurückkehrendes und dabei – heitererweise – sogar die Tropen Durchkreuzendes –: ich finde ... einen *Meridian*.

Mit Ihnen und Georg Büchner und dem Lande Hessen habe ich ihn soeben wieder zu berühren geglaubt.

*1960*

Nachwort
von Beda Allemann

In der gebotenen Kürze etwas Allgemeines über die Dichtung Paul Celans zu sagen, scheint mir kaum möglich. Dazu fehlt es an einer einschlägigen literaturkritischen Terminologie, deren die Verallgemeinerung sich bedienen könnte. Ich benutze deshalb im folgenden als Leitfaden ein bestimmtes Gedicht Celans, eines der wenigen aus dem bisher vorliegenden Gesamtwerk, die sich im Sinn einer unmittelbaren poetologisch-programmatischen Selbstanweisung auffassen lassen. Es ist das Gedicht *Sprich auch du* aus dem Band *Von Schwelle zu Schwelle*, der im Jahr 1955 erschienen ist.


Sprich auch du,
sprich als letzter,
sag deinen Spruch.

Sprich –
Doch scheide das Nein nicht vom Ja.
Gib deinem Spruch auch den Sinn:
gib ihm den Schatten.

Gib ihm Schatten genug,
gib ihm so viel,
als du um dich verteilt weißt zwischen
Mittnacht und Mittag und Mittnacht.

Blicke umher:
sich, wie's lebendig wird rings –

Beim Tode! Lebendig!
Wahr spricht, wer Schatten spricht.

Nun aber schrumpft der Ort, wo du stehst:
Wohin jetzt, Schattenentblößter, wohin?
Steige. Taste empor.
Dünner wirst du, unkenntlicher, feiner!
Feiner: ein Faden,

an dem er herabwill, der Stern:
um unten zu schwimmen, unten,
wo er sich schimmern sieht: in der Dünung
wandernder Worte.

In der zweiten Strophe dieses Gedichtes wird ein Sprechen ins Auge gefaßt, das vor der Scheidung in Affirmation und Negation halt macht, das nicht auf den glatten Aussagesatz hinauswill, sondern sich das volle Spektrum der Unentschiedenheit vor den Gegensätzen zu bewahren sucht. Da eine solche Art der Unentschiedenheit nicht mit einem einfachen Zögern oder gar mit der Scheu vor dem klaren Aussprechen des Gegensatzes verwechselt werden darf, drängt sich ein präziserer Ausdruck auf. Könnte man die vom Dichter geforderte Sprechweise als die einer Noch-nicht-Entschiedenheit bezeichnen? Die Celansche Dichtung ist reich an Gegensätzen im ganz handgreiflichen Sinn von Umschlägen ins Gegenteil und paradoxen Wendungen. Sie setzt sich ihnen bewußt aus. Sie geht in ihrem konkreten sprachlichen Vollzug durch sie hindurch. Dieser Durchgang durch die Widersprüche und durch nicht mehr nachvollziehbare »Bilder« ist eine den Gedichten Celans besonders eigentümliche Bewegungsweise.
Deshalb muß der Sachverhalt einer spezifischen Unentschiedenheit, den ich hier zu umschreiben suche, auch von der anderen Seite gesehen werden. Der Noch-nicht-Entschiedenheit, die vor der Grundentscheidung zwischen Ja und Nein inne-

hält, entspricht eine Nicht-mehr-Entschiedenheit, die jeden denkbaren Gegensatz hinter sich hat, ohne ihn zu verleugnen. So kann sich das Celansche Gedicht den Paradoxien des in ihm Gesagten ganz ohne Vorbehalt öffnen. Es scheitert an ihnen nicht, denn es kennt mitten durch seine Unentschiedenheit im Hinblick auf eindeutige (affirmative oder negierende) »Aussagen« hindurch seine eigene Form der rein poetischen Entschiedenheit. Sie behauptet sich zwischen dem Noch-nicht und dem Nicht-mehr als jenes »Immer-noch« des Gedichts, von dem Celan in der Büchner-Preis-Rede spricht. Die Weite der Unentschiedenheit zwischen Nein und Ja enthält offensichtlich den Ort einer im Mitgehen erfahrbaren Prägnanz und Entschiedenheit des dichterischen Sprechens. So jedenfalls lehrt es uns die einfache Tatsache der Existenz dieser Gedichte und der Faszination, die sie auf den genauen Leser ausüben.

Ein anderes ist es, das Zustandekommen einer solchen eigentümlichen Sprach-Prägnanz außerhalb der Eindeutigkeiten des ohne weiteres Verständlichen zu erklären. In einer wenig bekannt gewordenen Äußerung hielt Celan vor zehn Jahren fest: »Dieser Sprache geht es, bei aller unabdingbaren Vielstelligkeit des Ausdrucks, um Präzision. Sie verklärt nicht, »poetisiert« nicht, sie nennt und setzt, sie versucht, den Bereich des Gegebenen und des Möglichen auszumessen« (*Almanach 1958*, Librairie Flinker, Paris, S. 45). Das ist ein schon fast rigoroses Bekenntnis zur arabeskenfreien Bestandsaufnahme, zur lyrischen Landesvermessung, in der Celan damals mit Recht einen Grundzug nicht nur seiner, sondern der zeitgenössischen deutschen Lyrik im ganzen wahrnahm. Er fügte allerdings auch bei, und traf damit die spezielle Komplikation, die sich für ihn aus einem solchen Programm ergab: »Wirklichkeit ist nicht, Wirklichkeit will gesucht und gewonnen sein.« Der Vorsatz, mit Präzision zu nennen und zu setzen, erhält von dieser Einsicht her seine zusätzliche Schwierigkeit. Er wird in den Dienst der Wirklichkeitssuche und des

Wirklichkeitsgewinns gestellt, was etwas anderes ist als Wiedergabe der Wirklichkeit im Gedicht.

Die Präzision des Setzens und Nennens läßt sich stilkritisch nachweisen. Man darf auf den strengen, zuweilen pochenden Rhythmus Celanscher Gedichte vor allem aus der frühen Phase aufmerksam machen. Dieser sprachrhythmische Gestus bewirkt eine Insistenz des Sagens, die sich als ungewöhnlicher Nachdruck im Gesagten niederschlägt. Selbst ein langzeiliges Gedicht wie *Das Gastmahl* (S. 10) verfließt an keiner Stelle ins Parlando, der Daktylus als sein metrisches Grundmuster ergibt hier nicht, wie es bei diesem Versfuß sonst fast unausweichlich ist, eine tänzerische dahingleitende Bewegung. Die rhythmischen Akzente, zumal am Versschluß, sind so kräftig gesetzt und vorzugsweise auf sinnschwere Substantive gesetzt, daß die Bewegung des Sprachflusses sich staut und in dieser Stauung als gezügelte Bewegung um so deutlicher zum Vorschein kommt. Die Abweichungen vom metrischen Grundmuster sind gezielt und stehen im Dienst derselben Wirkung.

Im frühesten Gedichtband Celans (*Der Sand aus den Urnen,* Wien 1948), dessen Bestand später teilweise in *Mohn und Gedächtnis* übernommen wurde (Stuttgart 1952), findet sich denn auch bereits die Tendenz zur Verknappung der Verszeile. Ein besonders klares Beispiel dafür bietet das Gedicht *Corona* (S. 17), dessen Strophenanfänge die metrisch-rhythmische Struktur des Gastmahl-Gedichts aufweisen. Gegen sein Ende aber zieht es sich immer mehr zur lapidaren Fügung zusammen bis zur Schlußzeile »Es ist Zeit.«

An diesem Beispiel läßt sich im weitern auch die Rolle der Wortwiederholung, speziell der Anapher, studieren. Auch sie gehört in den Zusammenhang des insistierenden Sprachgestus, der sich nicht auf rhythmische Erscheinungen im engern Sinn beschränkt. Er bestimmt schließlich auch den Satzbau und damit in letzter Konsequenz die »Aussage« des Gedichts (»Es ist Zeit, daß es Zeit wird.«). Die bekannte *Todesfuge*

(S. 18 f.) zeigt die strukturierende Kraft des Prinzips der Wiederholung beim frühen Celan im hellsten Licht. Das Prinzip differenziert sich auf dem Weg über die *Engführung* (S. 67 ff.) und tritt allmählich, ohne ganz zu verschwinden, hinter den komplizierteren syntaktischen Verhältnissen der späteren Gedichte zurück. Aber auch da, wo es sparsamer wörtlich eingesetzt wird, bleibt das erhalten, worauf das Prinzip der Wiederholung hinarbeitete. Es bleibt, abstrakter geworden, der Gestus des Insistierens erhalten, der allen Celanschen Gedichten die eigentümliche Grundbewegung des In-sich-Kreisens mitteilt, auch in den Fällen, wo keine ausdrückliche thematische Rückwendung innerhalb des Wortbestands erfolgt.

Damit ist der Horizont wenigstens angedeutet, in den der scheinbar einfache programmatische Entschluß zum lyrischen Setzen und Nennen bei Celan sogleich hineinführt. Da dem Gegebenen von vornherein das Mögliche als poetischer Vermessungsbereich zugeordnet ist und die Wirklichkeit als Ziel einer Suche, nicht einer bloßen Vergewisserung erkannt und angesetzt wird, scheiden alle lyrischen Verfahrensweisen aus, die die Wortsetzung im Gedicht als einen einfachen Ausdrucks-Vorgang behandeln. Unbeschadet der angestrebten und erreichten Präzision kann auf die »Vielstelligkeit des Ausdrucks« nicht verzichtet werden. Die Präzision muß sich gerade in dieser Vielstelligkeit behaupten, wenn sie nicht zur Schein-Präzision absinken soll, die zwar unbefangen mit Ja und Nein zu hantieren wüßte, aber unter den hier herrschenden Bedingungen nur um den Preis einer nicht wiedergutzumachenden Voreiligkeit.

Die Aufforderung zum Sprechen aus der zweiten Strophe des Gedichts *Sprich auch du* will den Sprechenden und seinen Spruch vor solcher Voreiligkeit bewahren, bürdet ihm dafür aber die volle Paradoxie eines vielstelligen, unentschieden-entschiedenen Sprechens auf. Sie belastet den, der dieses Sprechen vernimmt, mit einer radikalen Verständnisschwierigkeit. Paradoxien, auch im modernen Gedicht, sind unbequem, sobald man sie wirklich verstehen will – vorausgesetzt, daß Verstehen auch heißt, dem Gesagten (in diesem Fall paradox Gesagten) mit nochmals anderen Worten in den Rükken zu gelangen. Paradoxes Sprechen ist eine Art von ultima ratio: es schöpft die Möglichkeiten und Spannweiten des überhaupt Sagbaren bis an die letzte Grenze aus. Ist es eine mögliche Aufgabe, »dahinter« zu kommen, was im vielstellig-paradoxen Sprechen gesagt wird? Eine mögliche Aufgabe scheint es mir immerhin zu sein, die Bedingungen und Intentionen solchen Sprechens abzuklären.

Es ist gewiß nicht nur ein Zufall, daß in der ersten Phase der Auseinandersetzung mit der Dichtung Celans in der literarischen Öffentlichkeit sich unversehens die Frage nach den historischen Abhängigkeiten in den Vordergrund schob, in denen eine lyrisch-paradoxe Sprechweise steht. Es schien die natürliche Ratlosigkeit ihr gegenüber zu mildern, wenn man auf ähnliche Erscheinungen aus dem Bereich der schwerverständlichen Metaphern in der Tradition des Manierismus verweisen konnte oder auf den vermeintlich damit eng verwandten Bilderschatz des modernen Surrealismus. Als Folge dieser Tendenz, zu einer Erklärung auf dem Weg über die historische Einordnung zu gelangen, muß allerdings in dem Fall, wo eine Dichtung von starker individueller Eigenart vorliegt, auch das Bedürfnis sich wieder steigern, eben dieser Eigenart auf die Spur zu kommen. Von einem Punkt aus, wo sich gut zwei Jahrzehnte kontinuierlicher lyrischer Produktion Celans überblicken lassen, ist ein solches Vorhaben nicht mehr utopisch.

Wer sich darauf einläßt, muß sich darüber im klaren sein, daß diese Dichtung und die ihr eigentümliche Entschiedenheit letztlich nicht aus den formalen Mitteln zu erklären ist, deren sie sich bedient. Ihre Eigenart wird nur voll sichtbar, wo das Gedicht als Vorstoß und Versuch, eine noch nicht begriffene Wirklichkeit zu gewinnen, verstanden wird. Man darf sich angesichts der Celanschen Gedichte ohne weiteres an das Diktum Kafkas erinnern, wonach die Dichtung eine Expedition nach der Wahrheit ist. Nur in diesem vorausgreifenden Sinn läßt ihre paradoxale Sprechweise sich begründen. Zu dieser Art von Expedition nach der Wahrheit gehört auch das Bewußtsein, daß »die« Wahrheit sich niemals in einen Satz bannen lassen wird. Damit ist nichts gegen die kaum zu widerlegende Überzeugung gesagt, daß die Wahrheit etwas Einfaches sein muß. Vermutlich ist es eben ihre alles Sagen übertreffende Einfachheit, die die Vielstelligkeit der Sprechweise fordert. Wer die Wahrheit zu besitzen wähnt, kann sich zu Ja und Nein entscheiden. Wer sie als Ziel einer unablässigen Suche begreift, muß Ja und Nein mischen, und dies auf die Gefahr hin, daß sein Sprechen dem an den Aussagesatz und den schlichten lyrischen Ausdruck gewöhnten Ohr wie Trug klingt. Wir stoßen auf die alte, von Nietzsche pointiert formulierte Frage, ob die Dichter nicht zuviel lügen. Wie kann eine Dichtung vor dieser Frage bestehen, wenn sie sich selbst so offen zur paradoxalen Sprechweise bekennt? Sie kann es tatsächlich nur, indem sie sich mitten durch die Nicht-Scheidung von Ja und Nein ihre eigene Entschiedenheit aufbaut. Von dieser conditio sine qua non her muß die zweite Hälfte der Strophe gesehen werden:

Gib deinem Spruch auch den Sinn:
gib ihm den Schatten.

Aus dem Sprachgebrauch Celans läßt es sich belegen, daß das vieldeutige Wort »Sinn« vorzugsweise in der konkreten Bedeutung von »Richtung, die etwas einhält«, also geradezu als »Richtungssinn« zu verstehen ist. So wird in den Gedichten vom »Lichtsinn« der Seele gesprochen (S. 60) oder von der Bewegung »im Herzsinn« (*Die Niemandsrose*, S. 75). Die Bremer wie die Büchner-Preis-Rede verweisen an zentralen Stellen auf den Richtungssinn des Gedichts. Er bewirkt, daß Dichtung vorauseilt (S. 140) und auf das »Andere« zuhält (S. 143).

Aus diesen Zusammenhängen gesehen, besagt die Verszeile mit der Aufforderung, dem Spruch den Sinn zu geben: ihn auf die Expeditionsreise zu schicken. Wir dürfen von einer Gedichtstrophe Celans freilich nicht erwarten, selbst wenn es sich um eine vergleichsweise »programmatische« Strophe handelt, daß sie eine solche Anweisung nach Art einer theoretischen Darlegung ausbuchstabiert. Sie präzisiert die Aufforderung zur Sinngebung durch die weitere Verszeile:
gib ihm den Schatten.
Auch das ist Präzisierung durch das Paradoxon. Die Nennung des Schattens läßt an die Dunkelheit der hier vorliegenden Sprechweise denken. Das Gedicht scheint sich damit seiner eigenen Dunkelheit förmlich zu versichern. Die Forderung nach dem Schatten widerspräche dann zunächst der Forderung nach klar erkennbarem Sinn. Eben dadurch wird aber auch sichtbar, in welcher Weise die Entschiedenheit des Richtungssinnes durch die Unentschiedenheit zwischen Ja und Nein hindurch gewonnen sein will. Der Sinn des Spruches und damit seine Lebendigkeit kann sich unter den Bedingungen der paradoxen Sprechweise nur manifestieren, indem er auf das »ganz Andere« und den »Schatten« zuhält – im Celanschen Sprachgebrauch stehen beide Namen in enger Berührung mit der Sphäre des Todes. Die volle Verschränkung des Gegensatzes tritt an der späteren Stelle des Gedichtes hervor:
Beim Tode! Lebendig!
Wahr spricht, wer Schatten spricht.
Die Symbiose von Leben und Tod bleibt eine der großen Voraussetzungen der Dichtung Celans. Wer Schatten spricht, gibt sie ans Gedicht weg. Die Schatten erscheinen hier als die nächstliegende Substanz, über die der Dichter verfügt, um das Gedicht zu nähren. Das sich selbst ansprechende lyrische Du erkennt sich deshalb in der folgenden und letzten Strophe als ein »Schattenentblößter«, der mit noch gesteigerter Dringlichkeit nach dem Wohin, dem Richtungssinn seiner dichterischen Bewegung zu fragen hat. Diese Bewegung treibt den,

der spricht, immer weiter über sich hinaus. Sein eigener Standort schrumpft im Vollzug des Gedichts. Er wird zum geometrischen Ort, der nur noch durch die Beziehungen definiert ist, die sich in ihm vermitteln.

Dem entspricht es, daß in dieser letzten Strophe eine jener rapiden Transformationen durchgeführt wird, die der Anschauung den Atem verschlagen. Das lyrische Du selbst wandelt sich zum »Faden«. Als Vorstellungsinhalt genommen, wirkt das grotesk oder traumhaft. Jenseits solcher Hilfsvorstellungen zielt es ganz offensichtlich auf den Gewinn eines Gegenübers, nämlich des bis zur viertletzten Verszeile verschwiegenen »Sterns«. Das lyrische Du als Sprecher des Spruchs verschwindet aus dem Gedicht. Es ist aufgegangen in der Funktion, die weitgespannte Beziehung zwischen dem »Stern« und der »Dünung / wandernder Worte« herzustellen.

Auch auf der Seite des »Spruchs« hat sich damit eine weniger auffallende, aber nicht weniger radikale Verwandlung vollzogen. An die Stelle des einzelnen, vom Du gesprochenen Spruches ist die Weite der als Dünung gesehenen Wortbewegung getreten. Aber nicht nur um Ausweitung geht es dabei, sondern um eine wirkliche Umsetzung, wie sie mir für die Celansche Lyrik im Laufe der Jahre immer charakteristischer zu werden scheint. Der Wortbestand des im Gedicht Gesprochenen wird sozusagen unmittelbar verdinglicht, das heißt die Worte werden nicht mehr nur als Bezeichnungen der Dinge aufgefaßt, sondern erscheinen als selbständige Wesen gleichrangig und ohne kategoriale Differenz neben und zwischen den Erscheinungen der im Gedicht ausgesprochenen Welt.

Die »Dünung / wandernder Worte« ist keine Metapher im hergebrachten Sinn mehr. Die Wendung will wörtlich genommen werden, als es einer Metapher zukäme. In dieser Dünung kann sich wirklich ein Stern spiegeln. Wenn man die Metapher traditionellerweise als verkürzten Vergleich definiert, so könnte man hier von einer verkürzten Metapher sprechen. Die Verkürzung beseitigt den üblichen Abstand zwischen den Worten und den mit Worten bezeichneten Sachen.

Was sich an diesem frühen Beispiel ablesen läßt, verdeutlicht sich an einer Passage aus dem zuletzt erschienenen Gedichtband *Atemwende*:

Das Geschriebene höhlt sich, das
Gesprochene, meergrün,
brennt in den Buchten,
in den
verflüssigten Namen
schnellen die Tümmler, ... (*Atemwende*, S. 72)

Die *Atemwende*-Gedichte bieten insgesamt eine Fülle von Beispielen dieser Verschränkung zwischen »verdinglichter« Sprache und sprachlich evozierten Dingen. Aber auch schon die *Engführung*, von andern Gedichten des Sprachgitter-Bandes abgesehen, enthält an exponierter Stelle eine demselben Prinzip gehorchende Wendung wie »Gras, auseinandergeschrieben«. Es geht dabei nicht um eine naive Gleichsetzung von Bezeichnung und Bezeichnetem. Der Vorgang der Verkürzung und seine Kühnheit bleiben jederzeit sichtbar. Um so mehr Gewicht kommt ihm innerhalb der Struktur der hier vorliegenden Sprechweise zu. Es ist eine Sprechweise, die sich ihrer eigenen Sprachlichkeit bewußt ist, die ihr Gesprochensein immer wieder thematisiert, nicht um sich in einen selbstgeschaffenen Sprachkosmos zurückzuziehen, sondern vielmehr in der Absicht, den sprachlichen mit dem natürlichen Kosmos ausdrücklich zu verschwistern.

Auf dem Hintergrund dieses Verfahrens muß die Ausweitung des »Spruchs« in die »Dünung / wandernder Worte« gesehen werden. Die Anweisung vom Beginn des Gedichts:

Sprich auch du,
sprich als letzter,
sag deinen Spruch ...

führt zuletzt mit Folgerichtigkeit auf die Nennung einer großen Wort-Dünung, in die auch noch der Stern als das fernste wahrnehmbare Gegenüber des dichterischen Spruchs eintauchen kann.

Das Herstellen dieser weitesten Verbindung erfolgt indes nicht in der Weise einer einfachen Entgrenzung. Die Transformationen der letzten Strophe sind gegenstrebig. Die Expansion ins Kosmische gründet in einer Kontraktion des Standorts. Die Schrumpfung ist es, die ihn zu einem Ort der Entschiedenheit macht. Diese Reduktion gilt es noch genauer zu beschreiben, um ein geläufiges Mißverständnis auszuschließen. Vom Prinzip des einfachen lyrischen Ausdrucks her betrachtet, erscheint die Schrumpfung als Verlust von Welt. Der sich selbst ansprechende Sprecher des Gedichts wird »unkenntlicher«. Er verflüchtigt sich – jedenfalls für ein Bewußtsein, das mit dem Begriff des dichterischen Standorts die Vorstellung einer festgefügten Plattform verbindet, von der herab gesprochen wird. Da es in der Dichtung Celans diese Plattform nicht gibt, kennt sie auch nicht ein feststehendes Welt-Panorama. Das ist aber noch nicht gleichbedeutend mit Weltverlust. Es bedeutet vielmehr den unausweichlichen Auftrag zum Weltgewinn. Die von jedem einzelnen Gedicht gesuchte, zu gewinnende Welt ist esoterischer Natur, das wird auch der mit dem Celanschen Werk vertraute Betrachter zugeben. Aber es gibt keinen Anlass, diese Esoterik mit purer Irrealität zu verwechseln. Wer einer solchen Verwechslung verfiele, würde sich den Zugang von vornherein abschneiden. Der »Faden«, auf den der dichterische Ort sich reduziert, steht für das Strukturprinzip des unablässigen Aufspürens von Beziehungen, durch das die Gedichte sich Welt heranholen. Die Reduktion, das »ferner«-Werden der Bezugsbasis, wie es sich in der Setzung des »Fadens« ausspricht, verleiht der dichterischen Wahrnehmung das höhere Auflösungsvermögen, die Verfeinerung im Sinn der Präzisierung.

Der lyrische Begriff des »Fadens« steht keineswegs isoliert im Werke Celans. Er kehrt wieder und gehört zu einem wichtigen Komplex verwandter Nennungen wie »Garn«, »Spur«, »Strahl«, »Netz«, »Gespinst«, »Schleier«, »Schliere« (die welt-vermittelnde Funktion ist besonders deutlich ablesbar an dem Gedicht *Schliere*, S. 57). Die ernsthafte Celan-Kritik hat die Bedeutung solcher Wortfelder schon früh erkannt. Sie ergeben ihrerseits eine Art von Beziehungsgeflecht, das sich über das Gesamtwerk erstreckt. Das beschränkt sich keineswegs auf den hier angesprochenen Namen-Komplex. Auffallender noch treten Leitworte wie Auge, Hand, Stein, Baum, Wolke, Wasser, Wind, Träne aus dem Gesamtzusammenhang hervor. Aus dieser Tatsache ergibt sich zweifellos eine wichtige Verständnishilfe. Allerdings muß beigefügt werden, daß man sich von der Analyse dieser Beziehungen wiederum kein panoramisches Weltbild der Celanschen Dichtung versprechen darf. Die Beziehungen sind zu beweglich, um sich mit Hilfe einer einfachen Wortstatistik katalogisieren zu lassen. Worauf es ankommt, ist der Beziehungs-Charakter als solcher, der diese Dichtung bestimmt.

Auf ihn verweist auch der Titel, den Celan seiner umfangreichsten und wichtigsten poetologischen Äußerung gegeben hat: Der Meridian. Er versteht darunter »etwas – wie die Sprache – Immaterielles, aber Irdisches, Terrestrisches, etwas Kreisförmiges, über die beiden Pole in sich selbst Zurückkehrendes...« (S. 148). Der solchermaßen als Gleichnis der Sprache aufgefaßte Meridian ist im selben Sinn ein geometrischer Ort wie der »Faden« des »Sprich auch du«-Gedichts. In ihm trifft sich das Auseinanderliegende. Er ist kein Standort im üblichen Sinn, wohl aber das bewegliche Ordnungsprinzip einer poetischen Erfahrung. Im gliedert sich ausdrücklich auch noch des Dichters eigene Herkunft ein.

Es ist nicht müßig, zum Schluß auf den im weitesten Sinn autobiographischen Aspekt der Dichtung Celans hinzuweisen. Ihre spezifische Form der Wirklichkeitssuche, die aus dem Gewohnten und der vertrauten Formulierung aufbricht, den plausiblen Vergleich und das geschlossene Bild hinter sich läßt, um in einer paradoxalen Sprache neue, fundamentalere Beziehungen zu setzen und Welt zu gewinnen – sie wird verständlicher auf dem Hintergrund eines Weges, der vom Sprachverlust bedroht war. Die Bremer Rede gibt einige Hinweise auf diesen Vorgang. Die Sprache »blieb unverloren«, heißt es dort (S. 127). Zugleich wird deutlich, daß sie nur mit Hilfe von Transformationen zu bewahren war, wie wir sie am Modell eines einzelnen Gedichts zu skizzieren versuchten. Dieselbe Rede macht auf die frühe Vertrautheit mit der mystischen Tradition der Chassidim aufmerksam. Hier liegt die stichhaltigste historische Erklärung für die surrealistisch anmutenden Züge der Celanschen Lyrik. Aber eben diese Tradition konnte, wenn sie von neuem in einer Dichtung produktiv werden sollte, nicht ohne Verwandlung aus dem Untergang gerettet werden. Die innere Spannweite einer Dichtung ist identisch mit dem von ihr zurückgelegten Weg. Wie bewußt diese Spannung durch Celan aufrechterhalten wird, läßt sich an seinen Übersetzungen russischer, englischer, französischer Lyrik ablesen, die Übertragungen ins eigene Idiom sind. Auch in ihnen manifestiert sich der den Osten und Westen umgreifende Beziehungscharakter einer Lyrik, die der Sprache und dem, der sie spricht, unentwegt zumutet, sich selbst zu übersteigen. Es läßt sich heute schon erkennen, welche Dimensionen dem Gedicht in deutscher Sprache durch diesen Vorstoß hinzugewonnen worden sind.

Die in Klammern gesetzten Seitenangaben beziehen sich, wenn nicht anders vermerkt, auf die vorliegende Auswahl.

# Anhang

# Bibliographie

*Der Sand aus den Urnen*
A. Sexl, Wien 1948

*Mohn und Gedächtnis*
Deutsche Verlagsanstalt, Stuttgart 1952

*Von Schwelle zu Schwelle*
Deutsche Verlagsanstalt, Stuttgart 1955

Alexander Block, *Die Zwölf*
S. Fischer Verlag, Frankfurt am Main 1958

Arthur Rimbaud, *Das trunkene Schiff*
Insel Verlag, Wiesbaden 1958

*Sprachgitter*
S. Fischer Verlag, Frankfurt am Main 1959

Ossip Mandelstamm, *Gedichte*
S. Fischer Verlag, Frankfurt am Main 1959

Paul Valéry, *Die junge Parze*
Insel Verlag, Frankfurt am Main 1960
(Wiederabdruck in der Insel-Bücherei, 1964)

Sergej Jessenin, *Gedichte*
S. Fischer Verlag, Frankfurt am Main 1961

*Der Meridian, Rede anläßlich der Verleihung des Georg-Büchner-Preises 1960*
S. Fischer Verlag, Frankfurt am Main 1961

*Gedichte. Eine Auswahl*
S. Fischer Schulausgaben, Frankfurt am Main 1962

*Die Niemandsrose*
S. Fischer Verlag, Frankfurt am Main 1963

*Drei russische Dichter, Alexander Block, Ossip Mandelstamm, Sergej Jessenin*
Fischer Bücherei, Frankfurt am Main 1963

*Atemkristall.* Einmalige bibliophile Ausgabe
Brunidor, Paris 1965

*Atemwende*
Suhrkamp Verlag, Frankfurt am Main 1967

William Shakespeare, *Einundzwanzig Sonette*
Insel Bücherei, Frankfurt am Main 1967

*Fadensonnen*
Suhrkamp Verlag, Frankfurt am Main 1968

Jules Supervielle, *Gedichte*
Insel Bücherei, Frankfurt am Main 1968

André du Bouchet, *Vakante Glut*
Suhrkamp Verlag, Frankfurt am Main 1968

Giuseppe Ungaretti, *Das verheißene Land. Das Merkbuch des Alten*
Insel Verlag, Frankfurt am Main 1968

*Lichtzwang*
Suhrkamp Verlag, Frankfurt am Main 1970

*Schneepart*
Suhrkamp Verlag, Frankfurt am Main 1971

# Inhalt

*Anhang*

Für die freundliche Abdruckserlaubnis danken wir der Deutschen
Verlagsanstalt Stuttgart (*Mohn und Gedächtnis* und *Von Schwelle
zu Schwelle*) und dem S. Fischer Verlag Frankfurt am Main
(*Sprachgitter* und *Die Niemandsrose*).

## »Ich hörte sagen«
## Acht Taschenbücher mit CD

Acht namhafte Schriftsteller, deren Werke in die neuere deutsche Literaturgeschichte eingegangen sind, werden hier mit einem ihrer bekanntesten Bücher, dem eine kleine CD beiliegt, vorgestellt: Die Stimmen der Dichter.

### Jurek Becker
### Jakob der Lügner
Roman
suhrkamp taschenbuch 3349. 320 Seiten

Um die Zuversicht der anderen Ghettobewohner zu erhalten, erfindet der Jude Jakob Heym Nachrichten vom Vorrücken der Roten Armee, er wird zum »Lügner aus Barmherzigkeit«.
Jurek Beckers berühmter, mehrfach ausgezeichneter Roman, den Marcel Reich-Ranicki zu seinem persönlichen Literatur-Kanon zählt, berichtet diese melancholisch-heitere Geschichte.

### Thomas Bernhard
### Ereignisse
suhrkamp taschenbuch 3350. 80 Seiten

»Ereignisse«, das sind kurze Prosaszenen von erstaunlicher Dichte und ohne Moral, mit düsterem Lakonismus und meist blutiger Pointe des »Geschichtenzerstörers« Thomas Bernhard. Geschichten unmittelbar vor der Grenze ihrer Nichterzählbarkeit.

NF 410/1/9.01

Peter Bichsel
**Kindergeschichten**
suhrkamp taschenbuch 3351. 96 Seiten

Sieben Geschichten, in denen sonderbare Käuze, schei-
ternde, lächerliche Rebellen es wagen, der Unabänderlich-
keit des Bestehenden Schwierigkeiten zu machen. Da ist
ein Mann, der weiß, aber nicht glaubt, daß die Erde rund
ist, und es ausprobieren muß, oder da ist einer, der allen
Dingen neue Namen gibt, so daß er von den anderen
nicht mehr verstanden wird.

Paul Celan
**Ich hörte sagen**
suhrkamp taschenbuch 3352. 184 Seiten

Sein Ziel, Worte für das Unaussprechliche zu finden, er-
reichte Paul Celan durch die höchste Verfremdung der
Sprache. Jenseits des gewohnten Sprachgebrauchs ermög-
licht sie erst die Dichtkunst, die seiner berühmten »To-
desfuge« ihre grausame und unwiderstehliche Schönheit
verleiht.

Hans Magnus Enzensberger
**Gedichte 1950-2000**
suhrkamp taschenbuch 3353. 176 Seiten

»Enzensbergers Zeitgenossenschaft bewährt sich, ohne
daß er überall dabei ist, denn sie ist als eine literarische
Qualität seinen Gedichten inwendig ... In diese Poetik
fügt sich der stilistische Balanceakt zwischen hoher Tra-
dition und Alltag, wie er mit solchem Können und so zu-
verlässigem Gelingen in deutschsprachiger Lyrik gegen-
wärtig kaum anderswo zu beobachten sein dürfte.« *FAZ*

NF 410/2/9.01

### Hermann Hesse
### Über das Glück
suhrkamp taschenbuch 3354. 272 Seiten

Hermann Hesse hat zeitlebens dem Sinn des Glücks
nachgespürt. Was er selbst als beglückend empfand, war
selten materieller Natur – tiefste Quelle des Glücks waren
ihm die Eindrücke, die wir der Empfänglichkeit unserer
Sinnesorgane verdanken, der Fähigkeit, uns zu verlieben
und hinzugeben, dem Erlebnis des Einklangs der Innen-
und Außenwelt.

### Uwe Johnson
### Mutmassungen über Jakob
Roman
suhrkamp taschenbuch 3355. 320 Seiten

Uwe Johnson, der Erzähler der beiden Deutschland: In
seinem ersten, 1959 publizierten Roman unterhalten sich
Freunde und Bekannte über den rätselhaften Tod von Ja-
kob Abs, der ins Visier der DDR-Staatssicherheit gerät
und nach seiner Rückkehr aus Westdeutschland um-
kommt.

### Martin Walser
### Ein springender Brunnen
suhrkamp taschenbuch 3356. 416 Seiten

Ein großes, erfolgreiches Buch, ein wunderbarer autobio-
graphischer Zeit- und Lebensroman: Martin Walser erin-
nert sich, vergegenwärtigt, enthebt die Zeit ihrer Pflicht;
so leuchtend kommen sie daher, die Figuren der – ver-
meintlichen – Vergangenheit, atmend so bis in den Schlag
der Zunge genau, daß ihnen eine faszinierende Enge mit
der Gegenwart gelingt.

# Paul Celan – Die Goll-Affäre

Zusammengestellt, herausgegeben und kommentiert von
Barbara Wiedemann
900 Seiten. Leinen

Ausgelöst wurde die sogenannte »Goll-Affäre« durch einen ungeheuerlichen Vorwurf von Yvan Golls Witwe Claire: Celan habe das Werk ihres Mannes plagiiert. Dieser Vorwurf erschütterte Celan zutiefst. Den Kampf um seine poetische Integrität führte er bis zum Tod. Zugleich durchschaute er das Exemplarische der Affäre und wehrte sich heftig dagegen, sie aufs Persönliche zu reduzieren. Erstmals wird nun das äußerst schwer erreichbare Material zu diesen – in ihrer Bedeutung für das Werk Paul Celans kaum zu überschätzenden – Vorgängen lückenlos aufgedeckt. Enthalten sind die frühen Zeugnisse der Begegnung beider Dichter, die bislang unveröffentlichten Goll-Übertragungen Celans, sein Briefwechsel mit Claire Goll, die (zum großen Teil unpublizierten) Briefe, Texte, Entwürfe und Notizen Celans zu den Plagiatsvorwürfen.

NF 235/1/6.00

# Paul Celan
## im Suhrkamp Verlag

**Gesammelte Werke in fünf Bänden.** Herausgegeben von Beda Allemann und Stefan Reichert unter Mitwirkung von Rolf Bücher. Band I–III: Gedichte. Band IV+V: Übertragungen. 2547 Seiten. Leinen in Kassette

**Gesammelte Werke in sieben Bänden.** Sieben Bände in Kassette. st 3202–st 3208. 3380 Seiten

**Gesammelte Werke in den suhrkamp taschenbüchern**
Erster Band: Gedichte I. Zweiter Band: Gedichte II.
Dritter Band: Gedichte III. Prosa. Reden. Band 1–3. st 1331

**Das Frühwerk.** Herausgegeben von Barbara Wiedemann. Die rumänischen Texte wurden von Barbara Wiedemann ins Deutsche übertragen. 286 Seiten. Leinen

**Die Gedichte aus dem Nachlaß.** Herausgegeben von Bertrand Badiou, Jean-Claude Rambach und Barbara Wiedemann. Anmerkungen von Barbara Wiedemann und Bertrand Badiou. 548 Seiten. Leinen

### Tübinger Ausgabe
Herausgegeben von Jürgen Wertheimer

**– Atemwende.** Vorstufen – Textgenese – Endfassung. Bearbeitet von Heino Schmull und Christiane Wittkop.
232 Seiten. Broschur

**– Fadensonnen.** Vorstufen – Textgenese – Endfassung. Bearbeitet von Heino Schmull und Christiane Wittkop.
180 Seiten. Broschur

NF 233/1/6.00

**– Der Meridian.** Endfassung – Entwürfe – Materialien. Herausgegeben von Bernhard Böschenstein und Heino Schmull unter Mitarbeit von Michael Schwarzkopf und Christiane Wittkop. 320 Seiten. Kartoniert

**– Die Niemandsrose.** Vorstufen – Textgenese – Endfassung. Bearbeitet von Heino Schmull unter Mitarbeit von Michael Schwarzkopf. 176 Seiten. Kartoniert

**– Sprachgitter.** Vorstufen – Textgenese – Endfassung. Bearbeitet von Heino Schmull unter Mitarbeit von Michael Schwarzkopf. 144 Seiten. Kartoniert

**Bonner Ausgabe**
**Werke. Historisch-kritische Ausgabe**
1. Abteilung: Lyrik und Prosa

Begründet von Beda Allemann. Besorgt von der Bonner Arbeitsstelle für die Celan-Ausgabe: Rolf Bücher, Axel Gellhaus. Bislang erschienen:

**Band 7: Atemwende.** Herausgegeben von Rolf Bücher. (Band 7.1: Text, Band 7.2: Apparat.) 409 Seiten. Leinen im Schuber

**Band 8: Fadensonnen.** Herausgegeben von Rolf Bücher. (Band 8.1: Text. Band 8.2: Apparat.) 396 Seiten. Leinen

**Band 9: Lichtzwang.** Herausgegeben von Rolf Bücher unter Mitarbeit von Andreas Lohr und Axel Gellhaus. (Band 9.1: Text. Band 9.2: Apparat.) 409 Seiten. Leinen

**Band 10: Schneepart.** Herausgegeben von Rolf Bücher unter Mitarbeit von Axel Gellhaus und Andreas Lohr-Jasperneite. (Band 10.1: Text, Band 10.2: Apparat.) 312 Seiten. Leinen

Weitere Bände in Vorbereitung

NF 233/2/6.00

## Einzelausgaben

**Atemwende.** st 850 und gebunden. 103 Seiten

**Ausgewählte Gedichte.** Zwei Reden. Nachwort von Beda Allemann. es 262. 174 Seiten

**Eingedunkelt und andere Gedichte aus dem Umkreis von »Eingedunkelt«.** Herausgegeben von Bertrand Badiou und Jean-Claude Rambach. 73 Seiten. Gebunden

**Fadensonnen.** st 2165 und gebunden. 121 Seiten

**Gedichte in zwei Bänden.**
Erster Band. BS 412. 301 Seiten
Zweiter Band. BS 413. 445 Seiten

**Lichtzwang.** st 2504. 102 Seiten

**Der Meridian und andere Prosa.** BS 485. 69 Seiten

**Schneepart.** Faksimile der Handschrift aus dem Nachlaß. Limitierte Auflage in 900 Exemplaren. 73 Seiten. Leinen

**Zeitgehöft.** Späte Gedichte aus dem Nachlaß. 66 Seiten. Leinen

## Briefwechsel

**Paul Celan / Nelly Sachs. Briefwechsel.** Herausgegeben von Barbara Wiedemann. Mit Fotos, Handschriften und Radierungen von Gisèle Celan-Lestrange. st 2489 und Leinen. 181 Seiten

## Zu Paul Celan

**Ingeborg Bachmann / Paul Celan. Poetische Korrespondenzen.** Vierzehn Beiträge. Herausgegeben von Bernhard Böschenstein und Sigrid Weigel. st 3127. 272 Seiten

**Paul Celan.** Herausgegeben von Werner Hamacher und Winfried Menninghaus. stm. st 2083. 359 Seiten

**Paul Celan – Die Goll-Affäre.** Zusammengestellt, herausgegeben und kommentiert von Barbara Wiedemann.
1100 Seiten. Leinen

**Israel Chalfen.** Paul Celan. Eine Biographie seiner Jugend. Mit Fotografien. st 913. 188 Seiten

**Hans-Georg Gadamer.** Wer bin Ich und wer bist Du? Ein Kommentar zu Paul Celans Gedichtfolge »Atemkristall«. BS 352. 134 Seiten

**Winfried Menninghaus.** Paul Celan. Magie der Form. es 1026. 291 Seiten